INTELIGENCIA ESTÉTICA

UNA GUÍA COMPLETA PARA AYUDAR A LOS LÍDERES EMPRESARIALES A CONSTRUIR SU NEGOCIO A SU MANERA AUTÉNTICA Y DISTINTIVA

Antonio Martinez

ÍNDICE DE CONTENIDOS

CHAPTER 1
THE AESTHETIC ADVANTAGE

- **ES POSIBLE APRENDER ESTÉTICA**

CHAPTER 2
SENSES

- **CREATIVIDAD Y PSICOLOGÍA DE LAS SENSACIONES**
- **LA INFLUENCIA DE HALO**
- **LA FORMA DEL BUEN GUSTO Y EL SONIDO**
- **LA GRACIA DE LA FEALDAD**
- **ACTIVAR Y REACTIVAR: MARKETING SENSORIAL**
- **PATRÓN DISCRETO Y MAYOR COMODIDAD**
- **EFECTOS DE SONIDO Y NUESTRAS PREFERENCIAS**

CAPÍTULO 3

DESCIFRAR EL CÓDIGO

- CONOZCA SUS DESENCADENANTES EMOCIONALES Y LAS SEÑALES SENSORIALES DE LA MARCA
- CÓMO EVOLUCIONAN LOS CÓDIGOS
- PRECISO Y ESPECÍFICO
- PROPIO
- LA PRUEBA DEL TIEMPO
- RELEVANTE
- CUANDO LOS BUENOS CÓDIGOS SE ESTROPEAN
- BÚSQUEDA DE CÓDIGOS
- COMPROBACIÓN DE LA SOLIDEZ DE LOS CÓDIGOS DE UNA MARCA

CAPÍTULO 4

DISEÑADO PARA DURAR

- ENFOQUES ESTÉTICOS PARA CUESTIONES DE INTERÉS GENERAL
- LA TRAMPA DE LA MERCANTILIZACIÓN
- EL SURCO DEL SUBCAMPEÓN
- EL PESO DE LA HISTORIA
- NO HAY ESPACIO PARA MOVERSE
- UN DILEMA INDUSTRIAL
- LA ÉTICA DE LA ESTÉTICA

CAPÍTULO 5

SINTONIZAR CON EL SABOR

- EL SABOR DE LA COMIDA: UN TROPO PARA EL REFINAMIENTO DE LA VIDA
- EUGENESIA Y APRECIACIÓN
- OTROS SENTIDOS, OTRAS CUALIDADES
- LA CONCIENCIA Y LA ESENCIA
- CULTURA Y REFINAMIENTO
- VOLVER A LA NATURALEZA
- AMABLE: HACER EL BIEN MIENTRAS SE MERIENDA
- EJERCICIO ESTÉTICO: LA FILOSOFÍA Y LA CIENCIA DE LA PERCEPCIÓN

CAPÍTULO 6

INTERPRETACIÓN (Y REINTERPRETACIÓN) DEL ESTILO PERSONAL

- SINTONIZACIÓN DE LA INTELIGENCIA DENTRO DEL ESTILO
- CÓDIGOS DE VESTIMENTA
- CULTURA, ESTATUS Y ESTILO
- CÓMO MIRAR LA ROPA

CAPÍTULO 7

EL ARTE DE LA CURA

- RESTABLECER LA ARMONÍA Y EL EQUILIBRIO
- LA CONSERVACIÓN, LA OPORTUNIDAD Y LA DESAPARICIÓN (Y EL RENACIMIENTO) DE LOS GRANDES ALMACENES
- CURADURÍA DE EXPERIENCIAS
- TODO ES PERSONAL
- EJERCICIO DE ESTÉTICA: TABLÓN DE ANUNCIOS

CAPÍTULO 8

ARTICULAR EL ARTE

- ➤ EL VALOR DE LAS PALABRAS
- ➤ ¿POR QUÉ ESTÁS AQUÍ? LA ANÉCDOTA
- ➤ IMAGÍNATE ESTO
- ➤ ES UNA ENVOLTURA
- ➤ LA BELLEZA ARTICULADA
- ➤ ARTICULAR LA EXPERIENCIA GASTRONÓMICA
- ➤ TRANSPORTE ARTICULADO
- ➤ ¿QUIÉN SE BENEFICIA?

CAPÍTULO 9

EL FUTURO DE LA ESTÉTICA

- ➤ LA CRISIS MEDIOAMBIENTAL
- ➤ LA EXPANSIÓN DIGITAL Y LA EXPERIENCIA TÁCTIL
- ➤ SECESIÓN TRIBAL
- ➤ LÍNEAS BORROSAS

Copyright Todos los derechos reservados.

Este libro electrónico se proporciona con el único propósito de ofrecer información relevante sobre un tema específico para el que se han hecho todos los esfuerzos razonables para garantizar que sea preciso y razonable. Sin embargo, al comprar este libro electrónico, usted acepta que el autor y el editor no son en absoluto expertos en los temas contenidos en él, independientemente de las afirmaciones que puedan hacerse al respecto. Por lo tanto, cualquier sugerencia o recomendación que se haga en el mismo se hace con fines puramente de entretenimiento. Se recomienda consultar siempre a un profesional antes de poner en práctica cualquiera de los consejos o técnicas que se exponen.

Se trata de una declaración jurídicamente vinculante que es considerada válida y justa tanto por el Comité de la Asociación de Editores como por el Colegio de Abogados de Estados Unidos y que debe considerarse jurídicamente vinculante dentro de este país.

La reproducción, transmisión y duplicación de cualquiera de los contenidos aquí encontrados, incluyendo cualquier información específica o ampliada, se realizará como un acto ilegal independientemente de la forma final que adopte la información. Esto incluye las versiones copiadas de la obra, tanto físicas como digitales y de audio, a menos que se cuente con el consentimiento expreso de la editorial. Quedan reservados todos los derechos adicionales.

Además, la información que se encuentra en las páginas que se describen a continuación se considerará exacta y veraz a la hora de relatar los hechos. Por lo tanto, cualquier uso, correcto o incorrecto, de la información proporcionada dejará al editor libre de responsabilidad en cuanto a las acciones realizadas fuera de su ámbito directo. En cualquier caso, no hay ninguna situación en la que el autor original o la editorial puedan ser considerados responsables de ninguna manera por cualquier daño o dificultad que pueda resultar de cualquier información discutida aquí.

Además, la información contenida en las páginas siguientes tiene únicamente fines informativos, por lo que debe considerarse universal. Como corresponde a su naturaleza, se presenta sin garantía de su validez prolongada ni de su calidad provisional. Las marcas comerciales que se mencionan se hacen sin el consentimiento por escrito y no pueden considerarse en ningún caso un respaldo del titular de la marca.

CAPÍTULO 1

LA VENTAJA ESTÉTICA

El término estética suele utilizarse para describir el aspecto de las cosas. En el ámbito empresarial, se refiere al diseño de productos y envases, a la imagen de marca y a la identidad corporativa. Sin embargo, esta palabra es mucho más útil si se quiere conocer el significado completo más allá de la elegancia visual. La estética es el placer de percibir objetos y experiencias a través de nuestros sentidos. Inteligencia estética Otro término al que volvemos es la capacidad de comprender, interpretar y articular las emociones provocadas por un objeto o una experiencia concreta.

Las empresas estéticas suelen utilizar los cinco sentidos y ofrecen productos o servicios que son cómodos de comprar y consumir. A cambio, a los consumidores no les gusta pagar una prima por el beneficio de estos productos y servicios. Sin embargo, pueden ver, saborear, oler, oír (sonido) y somatosensorial (táctil) Preferencia por el placer de las sensaciones incluyendo. Las afirmaciones estéticas hacen que la motivación del consumidor pase de ser funcional y transaccional a estar orientada a la experiencia, ambiciosa y memorable. Para las empresas, esto significa una mayor demanda de sus productos, una mayor fidelidad de los clientes y un mayor valor para sus accionistas.

En un mundo en el que la gente desea menos, anhela experiencias más opulentas y significativas, y tiene una fuerza de mercado sin precedentes para conseguir lo que quiere, el valor estético del producto o servicio de una empresa es esencial para su éxito a largo plazo. Los directivos, empresarios y otros profesionales pueden aprovechar el poder de la estética si aprenden a identificarla y aplicarla a sus intereses empresariales. Esta capacidad crítica se denomina inteligencia estética. Ganan cuando las empresas involucran a los consumidores a nivel artístico. En el pasado, los sectores no lujosos que se han centrado en el tamaño, la eficiencia y la innovación están erosionando el valor de las finanzas y los consumidores al rechazar, malinterpretar o subestimar la estética.

A diferencia del pensamiento de diseño, que se centra en el proceso de resolución de problemas y en las estrategias basadas en soluciones, el valor de la estética empresarial consiste en mejorar el espíritu humano a través de experiencias sensoriales y deleitar la oportunidad de evocar la imaginación. Cuando se hace bien, beneficia tanto a las empresas como a los clientes. Recientemente, y en un futuro previsible con el dinero. Los ordenadores pueden resolver problemas cada vez más funcionales. No pueden y no encontrarán nuevas formas significativas de reconectar con nuestra humanidad. La automatización de la sociedad significa que las máquinas realizan hoy en día cada vez más tareas como el análisis, la adquisición de datos y la interpretación, así como las tareas físicas y cotidianas. Sin embargo, las personas necesitan aplicar sus talentos y habilidades a actividades en las que la tecnología no puede ser superada rápida y económicamente. Esto incluye la capacidad de crear arte, crear belleza y establecer conexiones profundas con los seres humanos. Estos son los lugares donde podemos ir más allá de los ordenadores.

El director general de Google, ya retirado, comenta: "Esperamos tener éxito en el futuro, y observamos esta separación de poderes y, cuando es necesario, hacemos posible el funcionamiento de los ordenadores mientras nos especializamos en hacerlo lo mejor posible. Hay que aprender. Cuando se trata de mitigar los efectos adversos de la sobreproducción y el desarrollo industrial, la calidad, la importancia, la belleza y la durabilidad de los bienes deben ser más importantes que el precio, la accesibilidad y la disponibilidad. El desarrollo de normas y estrategias estéticas es esencial para la sostenibilidad económica y social de todas las personas y empresas.

ES POSIBLE APRENDER ESTÉTICA

Para dirigir una empresa artística, los directivos deben adaptarse no sólo a su estética y valores, sino también a los sentidos y valores de sus clientes. Los estudios demuestran que el sentimiento y el pensamiento no analítico afectan a un 85% de las decisiones de compra. Sin embargo, los responsables de marketing suelen centrar sus esfuerzos en el 15% restante de la decisión de compra, que es una valoración razonable de la funcionalidad.

El valor de la estética empresarial comienza en la cima de la propia IA del líder, pero también depende de su capacidad para construir, apoyar y mantener la organización y la cultura adecuadas en torno a esta posición estética. Todo el mundo nace con más habilidades artísticas de las que utiliza. Por supuesto, los músicos Bob Dylan escucha extraordinariamente el sonido y el ritmo, o los chefs Wolfgang Puck tienen la legendaria capacidad de armonizar sabores, texturas y gustos, y los que se ven favorecidos por naturaleza. Algunos tienen talento. Pero personas como Dylan y Puck también necesitan mejorar sus habilidades y desarrollar estilos para mantenerse activos y relevantes en su campo, para no perder su ventaja estética. También tienen que adaptarse a las preferencias cambiantes del mercado en general y modificar u optimizar las expresiones individuales con el tiempo.

Al fin y al cabo, los clásicos también necesitan modernizarse para seguir siendo relevantes. Por ejemplo, la marca Louis Vuitton, la era de los barcos de vapor que creció en la primera ola de viajes globales, puede haber muerto en un barco de vapor después de la Segunda Guerra Mundial. Aun así, la marca es más valiosa, influyente y relevante que antes. ¿Cómo lo ha conseguido? Consiguiendo la antítesis adecuada entre legado y resurrección, en estos tiempos de rápido cambio, la tradición y los valores del patrimonio son aún más críticos. Sin embargo, las marcas no deben conservarse y presentarse en los museos como obras de arte. Deben seguir siendo útiles y provechosas. Los responsables de marketing deben tomarse el tiempo necesario para comprender qué aspectos del patrimonio de la marca siguen siendo relevantes y cuáles son simplemente de interés histórico. Vuitton, un fabricante francés de maletas, introdujo a mediados del siglo XIX un baúl de fondo plano (apilable) hecho de lona (relativamente ligero) y hermético (protegido de las inundaciones). Fue una innovación útil y esencial para los viajeros de la época de los barcos de vapor.

La idea de llevar un equipaje grande y rígido en el siglo XXI no se adapta bien a los viajes modernos. Pero el atractivo de los viajes por el mundo nunca ha sido tan emocionante. Louis Vuitton tiene una referencia sólida, actual y constante a los viajes por el mundo, que incluye fotos de campañas publicitarias, motivos de tiendas, exposiciones pop ornamentadas y Voguez y Voyagez comisariadas, lo que la convierte en una gran marca que mantiene su relevancia. Sigue la aventura [de la marca] desde 1854 hasta el presente. Sin embargo, todos estos productos son ligeros y compactos, por lo que tienen un tamaño ideal para los contenedores aéreos. Otras empresas clave, como Apple, Walt Disney Company, Adidas y Starbucks, están mejorando aún más su excepcional calidad estética y aumentando su atractivo, al tiempo que prestan atención al legado y a los códigos de la marca. Ninguna está estancada.

Estas empresas tienen productos similares a los de sus competidores. Los smartphones de Apple tienen la misma potencia informática que los de Samsung. Airbnb, Marriott y Craigslist ofrecen a los viajeros un servicio de alojamiento competitivo. La estética es una discriminación. Por eso algunos clientes están dispuestos a hacer cola para pagar más de 1.000 dólares por el iPhone X o a hacer un depósito de 1.000 dólares para estar en la lista de espera de compra del Tesla. La estética explica por qué Airbnb es, con diferencia, el mayor mercado de alquileres vacacionales, con el mayor grupo hotelero del mundo y la consolidada empresa de Internet que lleva 20 años liderando el mercado. La estética de la experiencia de reserva es intuitiva y atractiva. La apariencia del sitio web es limpia, elegante e inherente a la funcionalidad. No hay más de tres clics desde la reserva. Más crítico que la usabilidad es un sitio web que ayude a la gente y la anime a soñar.

El último punto sobre el proceso de desarrollo y uso de la inteligencia estética es lo que llamamos empatía artística: a medida que la IA comienza a establecer su sensibilidad estética, requiere una comprensión y un respeto tan profundos como sea posible por la sensibilidad de los demás. Y a diferencia de la nuestra, refleja mejor el mercado. El hecho de que haya varios tipos de buen gusto no significa que no haya mal gusto. "Conocer la diferencia entre el buen y el mal gusto y ser sensible a los buenos sentimientos (es decir, la empatía estética) de los demás, imagina y predice quién responderá (o no) a su producto o servicio Una herramienta valiosa para el cómo.

Entender cómo la estética puede ayudar a su negocio y cómo utilizarla de forma eficaz y fiable puede aumentar drásticamente sus posibilidades de supervivencia y longevidad. Como ejemplo, considere Veuve Clicquot, una de las marcas de champán más famosas del mundo. Un empresario francés de principios del siglo XIX, llegó a ser conocido como el Gran Salón del Champán por sus innovaciones en la expresión estética del champán. En 1798 se casó con François Clicquot, hijo del fundador de la Maison Clicquot. François compartió con su esposa la pasión y el conocimiento del champán. Cuando enviudó a los 27 años, en 1805, pudo dirigir el negocio. El negocio siguió prosperando bajo su dirección.

Madam Clicquot no sólo salvó el negocio familiar, sino que lo mejoró al desarrollar una nueva técnica de producción llamada puzle que mejoró drásticamente el sabor y el atractivo visual del champán. Desarrolló un método para combatir el desagradable aspecto de los sedimentos depositados en el fondo de la botella. Esta técnica sigue siendo utilizada por los viticultores en la actualidad. Madame Clicquot también ha innovado la primera mezcla de champán rosado. El champán rosado es un rosado fascinante que es popular para las bodas y las ocasiones especiales en todo el mundo. La etiqueta amarillo-amarilla, firma de Clicquot desde 1772, es un poderoso marcador visual de la tradición y la personalidad de la marca. Madame Clicquot utilizó su inteligencia estética para mejorar los productos existentes, crear otros especiales y hacerlos intemporales. El poder de una sólida estrategia artística ha convertido a su empresa en una de las principales marcas de champán del mundo. Sin embargo, la Sra. Clicquot no nació con los conocimientos de la industria del vino y no fue a la universidad a estudiar diseño. En cambio, vio con su marido y aprendió a confiar en su instinto sobre lo que era correcto del producto y lo que sería mejor. Aquí, el libro parte de la idea de que se puede aprender IA.

El historiador del arte Maxwell L. Anderson afirma que, como demostró Madame Clicquot, el desarrollo de la IA no requiere una formación formal ni un crecimiento en un entorno sofisticado, pero sin duda proporciona la base. Pretender ser útil. Según el Dr. Anderson es una habilidad que cualquiera puede desarrollar. Si le apasiona la cocina, puede tener un sofisticado instinto para la comida de calidad. El ciclista aporta el mismo rigor a su juicio sobre las bicicletas, los pintores de aceite y acrílico de ciertas marcas. Según Anderson, deberían ser capaces de transferir estas habilidades y desarrollar su juicio sobre el arte y el diseño. Los utensilios de cocina Le Creuset, los favoritos del chef, siguen los mismos principios de excelencia artesanal que otros productos de lujo. Aprender a reconocer y utilizar esta capacidad para distinguir entre la fabricación de objetos y experiencias divertidas en otros ámbitos. Este es el primer paso para fomentar la IA. La práctica lleva al pulido. Una vez que reconozca la calidad, resista el impulso de copiar a otros. La autenticidad y la originalidad son esenciales para obtener resultados estéticos a largo plazo, especialmente en los negocios. Las marcas de moda rápida pueden crear patrones, estilos y siluetas similares a los codiciados artículos de diseño de alta gama, pero el valor de estas réplicas disminuye con cada uso. Al igual que los coches nuevos, los descuentos tienen poco valor de reventa. Los bolsos Birkin de Helms, en cambio, suelen subastarse a precios muy superiores al precio de venta original.

Lleve a las personas creativas y visionarias a la suite ejecutiva, déles el mismo lugar en la mesa y empodérelas para que den lo mejor de sí mismas. No justifique todas las decisiones con cálculos financieros. Para empresarios como David Rubenstein, rodearse de gente estéticamente inteligente es especialmente importante. Dada su posición, es posible que él mismo no necesite tener un gran sentido de la estética. El valor estético no se limita a las empresas orientadas al diseño en ámbitos como la belleza y la moda. Establecer conexiones entre las personas es una tarea compleja y tiene implicaciones de gran alcance. Se puede hacer a través de la estética. Es de esperar que conduzca a una experiencia de marca más lujosa. Es responsabilidad del creador armonizar sus pensamientos con motivos que merezcan una experiencia personal profunda. Los consumidores modernos, que ya no están interesados en la acumulación de posesiones materiales, buscan profundidad y significado. Por eso una marca tolerable tiene sentido, es emocional e inspira la imaginación. Sus impulsores van mucho más allá de la motivación comercial. Se esfuerzan por unir y deleitar a las generaciones que se impresionan con sus productos y servicios. Las empresas estéticamente productivas deben construirse sobre una base brillante y estable. En última instancia, desafía, capacita y atrae a los clientes. No necesitas ver o tratar a tus clientes simplemente queriendo consumirlos, sino que finalmente, quieres sentirte vivo.

CAPÍTULO 2

SENTIDOS

Como se menciona en este libro, alrededor del 85% de las decisiones de compra de los consumidores dependen de lo que sienten por el producto o servicio (placer estético). Sólo el 15% se basa en una evaluación consciente y racional de las características y funciones del producto. Irónicamente, los profesionales del marketing se centran hasta en un 100% en el desarrollo, la construcción y la promoción de las características del producto. Mientras el producto o la cooperación funcionen, las empresas que estimulan los sentidos y encuentran formas de crear conexiones asociativas o emocionales tienen valor a largo plazo.

CREATIVIDAD Y PSICOLOGÍA DE LAS SENSACIONES

El acceso a las sensaciones se produce a través de una serie de actividades biológicas y neurológicas que el cerebro percibe e identifica y que luego responden a recuerdos relevantes que recuerdan a personas, lugares o acontecimientos. Nuestra estética depende en gran medida de cómo interpretamos las experiencias sensoriales. No es un lugar común, especialmente cuando se crean lecciones y momentos que involucran a las personas.

El sonido llega primero al cerebro mediante la vibración del tímpano hacia el canal auditivo. La vibración se transmite a la vaca a través de los huesecillos. Debido a la onda del sonido, el líquido de la vaca se mueve y las células ciliadas se doblan. Las células ciliadas generan señales nerviosas que el nervio auditivo capta. Las células ciliadas de un extremo de la vaca co transmiten la información del sonido grave, y las del otro extremo comunican los detalles del sonido agudo. El nervio auditivo envía señales al cerebro. En la mente, las señales se interpretan como fuertes o suaves, calmantes o abrasivas. Los seres humanos responden a determinados sonidos. El sonido del martillo neumático es molesto y fastidioso, y te obliga a cerrar las ventanas y a cruzar la calle. Sin embargo, el sonido de un bebé llorando es intolerable, idealmente llorando con la fuente de sonido. Encuentre un niño cómodo. La prohibición de los perros se ve como una nota, y la risa nos dice que nos relajemos y participemos en la diversión.

El olor es un proceso químico, y nuestros receptores y nervios nasales identifican las sustancias químicas del entorno, que pueden ser benignas, confortables o repelentes. Nuestro sentido del olfato también se relaciona con el bulbo olfativo, una de las estructuras del sistema límbico, la parte antigua del cerebro humano. Nuestra comprensión del olfato está arraigada en la parte natural del cerebro, que forma parte del mecanismo de supervivencia. El olfato no está conectado por el tálamo, que integra el resto de la información sensorial. El olor se envía directamente a la amígdala y al hipotálamo. Ninguno de nuestros otros sentidos tiene una conexión tan directa con el área del cerebro responsable del procesamiento de las emociones, el aprendizaje asociativo y la memoria. El olor de la hierba recién cortada recuerda el comienzo del verano. Los cítricos, especialmente los limones, representan la limpieza. El pino nos recuerda unas festivas vacaciones de invierno. Como muestran los resultados, las tres fragancias nos hacen felices.

Los aromas de café pueden ayudar a resolver mejor los problemas de análisis.

El tacto forma parte del sistema somatosensorial y de una extensa y diversa red de receptores y centros de procesamiento que ayudan a percibir las sensaciones agradables, las temperaturas y el dolor que se procesan en el lóbulo parietal de la corteza cerebral. Estos receptores sensoriales abarcan la piel y el epitelio, el músculo esquelético, los huesos y las articulaciones, los órganos internos e incluso el sistema cardiovascular. La cachemira transmite una sensación de lujoso confort. El sabor refrescante de la hoja de percal, de tejido apretado, transmite una sensación de elegancia y orden. Las mesas de roble rugoso transmiten una sensación de fuerza y durabilidad.

La vista es el sentido predominante de la era postindustrial, en la que la percepción visual consiste en percibir la luz, el color, la forma, el movimiento y todo lo demás de nuestro entorno. Por supuesto, lo que vemos se interpreta en el cerebro, pero determinados colores y configuraciones pueden manipularlo. En Occidente, el rojo suele significar parálisis, sangre o sexo. El amarillo significa alegría y sol. El blanco significa pureza y limpieza. Y el verde significa frescura y naturaleza.

El gusto o sabor es la capacidad de reconocer la sensación de una sustancia. En el ser humano (y en otros vertebrados) el gusto suele tener una percepción del olor menor que la del sabor en el cerebro. Es una función del sistema nervioso central. Nuestros receptores gustativos están situados en la superficie de la lengua, el paladar blando, la faringe y el epitelio de la epiglotis. Tradicionalmente hemos definido cuatro sensaciones gustativas primarias: dulce, salado, ácido y amargo. La quinta sensación, llamada Umami, es una nueva sensación que se ha añadido a las cuatro tradicionales. El sabor dulce está relacionado con la diversión y el disfrute (helado, chocolate), el sabor con la calidez y el confort (pasta casera, pollo asado, sopa de verduras), la fuerza y el Umami (parmesano, tomates, setas, carne de vacuno).

LA INFLUENCIA DE HALO

El placer estético es la profunda satisfacción o el placer que se siente cuando se despierta una sensación (al menos tres de las cinco son victoriosas), relativa a un producto concreto, una marca específica, un servicio concreto o una experiencia específica. Curiosamente, esta forma de placer no sólo consume un producto o servicio, sino también el mismo recuerdo que evoca una sensación cuando lo manejamos, debido a la combinación de la expectativa y el recuerdo de la experiencia de uso del producto o servicio. Trate los elementos sensoriales del producto que pueda disfrutar. Los estudios demuestran que aproximadamente el 50% del placer del consumidor está relacionado con las expectativas y los recuerdos (el resto de experiencias sensoriales pasadas). El otro cincuenta por ciento está asociado a la experiencia directa (los cinco sentidos trabajan juntos y mantienen a la gente ocupada en ese momento).

La experiencia es un continuo que incluye la memoria del protagonista, los antecedentes y lo que informa repetidamente sobre el punto. El ejemplo original es el nacimiento. Las expectativas estimulantes del bebé y el recuerdo de lo maravilloso que se sentía y olía el recién nacido suelen contrastar con el dolor intolerable de la contracción durante el parto real. Este dolor se puede perdonar cuando se alcanzan los recuerdos lejanos o cuando llegan las expectativas del segundo bebé, y la emoción y las expectativas vuelven a aumentar. Acuérdate de comer bien. Comer es divertido, pero recordar el día siguiente es parte de la experiencia, y pensar y planear comer en el mismo restaurante en el futuro. Lo mismo ocurre con las montañas rusas. No sólo la emoción de salir, sino también la conexión con los carnavales y los parques con la familia y los amigos, el recuerdo de las sensaciones al subir y bajar el camión es significativo,

Los viajes en familia a Disney World son otro ejemplo del efecto halo. La experiencia de estar en un parque temático es generalmente agradable, pero no está exenta de inconvenientes, como las condiciones insoportablemente calurosas y húmedas de Orlando. Las largas colas que se forman en las atracciones más populares, especialmente en las horas punta. El elevado coste de las comidas en el recinto. Sin embargo, cuando se nos pide que expliquemos las vacaciones en Disney, la mayoría pensamos en una sonrisa en la cara de un niño, en la emoción de abrazar a Mickey, en la magia de ver a una princesa pasear por su reino y en un colorido y divertido parque de atracciones. Mientras las familias se preparan para sus próximas vacaciones en Disney World, cada vez estamos más emocionados por experimentar las últimas atracciones y conocer a los últimos personajes. Al recordar los placeres que se obtuvieron en la última visita, no se trata del insoportable calor de Orlando ni de la monotonía de esperar a que gire el Astro Orbiter. Disney World ofrece una experiencia tan mágica e inolvidable que permite involucrar todos los sentidos y emociones. Siete Otras experiencias de consumo pueden ofrecer oportunidades igualmente inmersivas al poder ver, sentir, oír, saborear y oler cosas profundamente personales. El territorio personal tiene beneficios. Los parques temáticos (y las empresas) son importantes, pero las lecciones que enseña Disney World van más allá de la escala. Disney ha encontrado la manera de descubrir la marca y despojarse de esa capa para los clientes conocidos como huéspedes.

Lamentablemente, el efecto halo no tiene en cuenta la experiencia del cliente de principio a fin, por lo que las empresas siempre se equivocan. Por ejemplo, las tiendas de ropa y las boutiques te dan la bienvenida y hacen que la entrada sea cómoda y atractiva. Un vendedor puede ayudarme sin ser obediente. Sin embargo, pagar los artículos puede ser una molestia, y las entregas que incluso los grandes almacenes de gama alta se perciben como rojas e indiferentes pueden dejar recuerdos desagradables o, al menos, discretos. Los minoristas, en particular, pueden hacer que la experiencia de compra sea más agradable, emocionante y memorable.

La tienda minorista tradicional no ha muerto, sino que se ha perdido. Son calderas y, lo que es peor, son inolvidables. ¿Cómo pueden los minoristas impresionar mejor a sus clientes, preferiblemente de forma muy positiva? Para empezar, los empleados pueden saludarlos y despedirse de ellos cuando entran en la tienda. Pueden enviar notas escritas a mano a los mejores clientes y mostrarles su atención y aprecio. Aunque estos esfuerzos puedan parecer triviales, no hay que subestimar el impacto de los registros personales en las personas. Una investigación llevada a cabo en la Universidad de Texas descubrió que quienes recibían reconocimiento se sentían mucho más felices de lo que los investigadores esperaban. De media, los participantes en el estudio tardaron menos de 5 minutos en escribir una carta. Los minoristas también pueden incluir pequeños regalos que no se venden en las tiendas pero que son complementarios y originales en el momento de la compra. B. Muestras de perfume, popurrí o golosinas. También se llama y se agradece a los clientes con nombres que se pueden encontrar fácilmente en las tarjetas de crédito y se afirma que se recuerdan los nombres de los que vuelven. Estos gestos son suaves y prácticamente baratos.

Bite Beauty llama a la tienda un laboratorio de pintalabios, y las tiendas de Nueva York, Los Ángeles, San Francisco y Toronto ejemplifican un aspecto limpio y elegante de laboratorio, a la vez que son modernas y cómodas. Con un largo mostrador brillante, se puede levantar la silla mientras los técnicos crean juntos colores personalizados. La compra de una barra de labios es personal y única. Esto contrasta con muchas experiencias de compra en las que la gente se siente abandonada en los grandes almacenes o ignorada por un personal indiferente y sin formación. No sólo por el poder de compra, sino también por la personalidad, los vendedores deben replantearse su vuelta a un servicio cortés en el que se interesen de verdad por sus clientes. La tecnología [del comercio minorista] de éxito no deja atrás a las personas ni aumenta la eficiencia, sino que facilita las transacciones y facilita la interacción de persona a persona. Esta conexión puede lograrse tratando con los sentimientos. Bite convierte lo que es un producto de belleza esencial y cotidiano para muchos en una experiencia creativa e interactiva potenciada por el diseño de la tienda, la iluminación, el ambiente y el personal.

A la gente le gusta especialmente comprar en la tienda de fragancias de Joe Malone porque es sensorialmente atractiva y todo parece especial. Los vendedores están bien formados y hablan de las fragancias con profesionalidad y generosidad. Se anima a los compradores a probar todos los perfumes que quieran y a disfrutar de la experiencia de comparar olores. El punto de venta es la parte más emocionante de Joe Malone Travel. Cuando se empaquetan y presentan los artículos de regalo, la marca florece en la caja. Los productos se envuelven cuidadosamente en cajas de grosgrain, se empaquetan en lujosas bolsas de la compra y se entregan magníficamente. Al llegar a casa, abra el regalo y colóquelo con orgullo en su tocador o escritorio para continuar la experiencia.

LA FORMA DEL BUEN GUSTO Y EL SONIDO

El sabor de la cocina no se manifiesta con tanta frecuencia como los otros cuatro sentidos. Sin embargo, es esencial que todos los que participan en la comida y la bebida entiendan el sabor correctamente. Aunque el producto esté elaborado con los ingredientes más frescos y de mayor calidad, otros factores pueden ser un desastre incluso para las comidas, los aperitivos y los cócteles más deliciosos. Empiece con algo tan sencillo como una copa de vino. Cuanto más fino sea el objetivo, mejor sabrá el vino, y no se hace. Está en la ciencia. Según los químicos, el aumento del vapor del vino difiere de la forma y el grosor específicos de la copa, lo que puede tener un efecto positivo o negativo en el sabor del vino. Existe la creencia generalizada de que el champán sabe mejor en las copas largas y altas, y que la espuma se desprende rápidamente de la anticuada (pero aún atractiva) copa.

En realidad, el excelente sabor del champán es mejor cuando se sirve en una copa de vino blanco fina de buena calidad. Los restaurantes (y otros) que sirven el champán fino en una flauta o en una copa de cristal desvirtúan la experiencia de beberlo. Una de las razones del amor por el champán es que el pito mantiene el vino batido, dice Seth Box, director de ventas de Hennessy, propietaria de la mejor marca de champán del mundo. Sin embargo, las flautas impiden experimentar el aroma del vino, que forma parte de la experiencia de la cata. No se puede meter la nariz en un tubo estrecho, señala Box.

LA GRACIA DE LA FEALDAD

La activación de las sensaciones para lograr el placer estético no sólo se deriva del movimiento estándar de la belleza y la comodidad. También proviene de muchas experiencias repulsivas que parecen ser muchas o aterradoras. Los franceses tienen la palabra Jolly Reid, que es muy dura y significa representar mejor la idea. La gente se siente atraída por las cosas que repelen. Por supuesto, pero no siempre, este concepto explica por qué nos satisface la extraña satisfacción de la montaña rusa de la banda de heavy metal Anthrax, la película de terror El Exorcista y la Torre del Terror de Dreamworlds. Incluso la moda puede conmover y atraer la alegría a través de nuestros sentidos.

El reciente éxito de Gucci en la moda fea también se ha hecho patente. Alessandro Michele, que tomó las riendas de Gucci en 2015, también es conocido por su enfoque antibético ilimitado de los estampados, los patrones y los gráficos. Un camino claro hacia él, chic y nerd, que utiliza patrones y colores estrafalarios y sorprendentes, puede parecer purista y de mal gusto para los puristas. Sin embargo, para muchos otros, su diseño ha creado una nueva forma de acceder al lujo europeo y ha permitido expresar a las personas de forma poco convencional e inusual. Escogió una categoría, la alta costura, que era razonablemente divertida y estaba sujeta a reglas, y la volvió a hacer divertida y creativa. La ética general de diseño de Michelle es que más es más. Es decir, más colores, más patrones, más texturas.

Sus diseños son mejores para los desconocidos. Porque ofrecen todo tipo de formas de conectar con la gente a través de las sensaciones, algunos modelos recuerdan a lo que consideramos más sencillo por el aire retro de los años 60, 70 e incluso 80. En el pasado romántico, nos sentimos felices y seguros incluso cuando no estábamos allí en ese momento (como en el caso del cliente más joven de Gucci). Este espíritu es el de las famosas y exitosas zapatillas deportivas, las prendas de punto muy coloridas, los zapatos, los bolsos, las carteras, las mochilas, los jerséis, los pantalones cortos vaqueros, las sudaderas con capucha, las cazadoras bomber y los pañuelos para joyero. La ilustración del cachorro es obra de una artista llamada Helen Downey, también conocida como trabajadora no cualificada. Le regaló a Michelle dos almohadas decoradas con los gráficos de los dos Boss Terrier de Boston y de Ortho. Este es un clásico de Michele. Se inspira en los artistas y se traduce en sorpresas y bienes de consumo divertidos. ¿Pero define la noción tradicional de belleza en la moda? En absoluto. Hay diseños atrevidos y desafiantes.

Siempre que la moda fea se base en propiedades atractivas, como el encanto y la rareza. La fealdad nunca es algo bueno, aunque sea medio si se basa en rasgos reales como la maldad y la cachaza. Piensa en la diferencia entre un carlino bobo y un pitbull rugiente y sediento de sangre. La mayoría de la gente piensa que la primera foto es bonita (aunque puede ser sucia de todos modos) y la segunda foto es adorable. La metedura de pata de Gucci con un jersey negro es un ejemplo clásico. En febrero de 2019, la compañía conmemoró una camisa negra de 890 dólares con labios rojos tejidos alrededor de la abertura de la boca del usuario. Los críticos del jersey señalaron que si la empresa empleara personal de más color en los departamentos de diseño y marketing, las camisetas habrían sido clasificadas como inapropiadas antes de ser fabricadas.

ACTIVAR Y REACTIVAR: MARKETING SENSORIAL

Las emociones pueden ser fugaces, pero los sentimientos relacionados duran más. Por ello, los profesionales del marketing deben comprender el impacto percibido por los clientes antes, durante y después de la experiencia. Todo es esencial a la hora de pensar en cómo involucrar los sentidos de las personas. El compromiso sensorial debe ser activo. Las sensaciones no tienen que ser tan cómodas como antes, pero no deben ser incómodas. Las montañas rusas, la moda alocada de Gucci y la música heavy metal a todo volumen tienen fans entusiastas. Comprenden sus componentes básicos y saben que los sentidos agudos pueden lidiar con ellos, pero para otros, puede ser una sensación desagradable.

Un ejemplo típico es el de un representante de ventas de Bloomingdale que rocía el perfume, le guste o no al cliente. Puede que la fragancia huela bien, pero puede que no, pero es una experiencia desagradable cuando se impone de forma muy agresiva a los compradores. En la actualidad, el enfoque de la venta de perfumes en los grandes almacenes ha cambiado radicalmente, ya que los minoristas comprenden que la tecnología no sólo afecta a los sentidos, sino también a las personas. En la actualidad, muchos minoristas están formando a los vendedores para que pregunten a sus clientes por sus olores favoritos, les pidan respuestas y luego prueben las fragancias que se adaptan a sus gustos.

Rolls-Royce se dio cuenta de que el olor era beneficioso, ya que modificó el método de fabricación y empezó a utilizar plástico con base de cuero en lugar de madera para algunas partes del vehículo. A los clientes no les gustaba el olor a plástico. No era el olor a coche nuevo de lujo que esperaban de un fabricante de automóviles. Las ventas cayeron. Rolls-Royce fue lo suficientemente inteligente como para preguntar a los clientes por qué rechazaban el nuevo modelo. Los clientes dijeron que los modelos antiguos olían a madera, pero que los nuevos coches olían al plástico utilizado para fabricarlos. Uno de los pocos componentes del nuevo modelo (los interruptores de las ventanillas y del salpicadero también se sentían más ligeros debido al uso de materiales más livianos) tuvo un impacto en las ventas, pero fue significativo. Las expectativas de la gente con respecto a un producto están relacionadas con la forma de interactuar con el mismo. Rolls-Royce aborda este problema contratando a un experto en olores, imitando el olor a madera de los coches antiguos y desarrollando un aroma que utiliza el olor del Rolls-Royce Silver Cloud de 1965 como modelo. El aroma se aplicó a los interiores de los coches nuevos después de su fabricación.

El aroma también es cultural. Al tratar con los clientes, las empresas deben tener en cuenta quiénes compran y qué expectativas olfativas tienen. Para los estadounidenses, el olor a limpio de los detergentes de marea es contrastado, según Olivia Jezler, directora de Future of Smer, experta en fragancias y dedicada a la ciencia de los aromas, la psicología y el diseño de los mismos. Además, dice que la idea de un olor limpio está en China o en la India. La medicina china, a menudo basada en hierbas, incide en la limpieza, al igual que la medicina ayurvédica en la India. La gente de estos países asocia la limpieza con los olores de la tierra y la hierba más que los estadounidenses, que tienden a combinar la frescura con un aroma floral.

Starbucks también ha descubierto que los olores son beneficiosos. Lecciones aprendidas cuando se introdujo en la tienda un olor no deseado e inesperado en forma de panecillo de desayuno, como el de Rolls-Royce. El descenso de las ventas de los clientes en 2008 estuvo directamente relacionado con el olor de los bocadillos. Creó una realeza. Interrumpía el aroma del café que los aficionados esperaban y disfrutaban, y en definitiva estropeaba la experiencia general de la tienda. El almuerzo fue retirado, reformulado y devuelto sin olor desagradable.

PATRÓN DISCRETO Y MAYOR COMODIDAD

Las mejores empresas suelen ofrecer también una experiencia sensorial impactante pero no detectada. A esto se le llama diseño invisible. Los elementos pueden no ser distintos, pero tienen poco o ningún valor. Hay que tener en cuenta que todas las barras de labios están hechas con los mismos ingredientes esenciales. ¿Por qué las mujeres pagan seis veces más por una barra de labios Rouge Allure Velvet de Chanel (37 dólares) que se vende en Neiman Marcus que por una barra de labios súper brillante de LeBron Cherry (6,02 dólares) que se vende en Wal-Mart? Puede que las mujeres digan que les gusta la duración de la barra de labios de Chanel o su duración, pero lo cierto es que prefieren la experiencia estética de usar barras de labios más caras. La calidad de la cera es, por supuesto, igual al tono del rojo.

El placer del usuario puede verse reforzado por el peso del cilindro de Chanel, el brillo de los bordes metálicos o el logotipo de la doble C elegantemente grabado en el tapón. Incluso la experiencia de comprar una barra de labios de Chanel es más rara que ir a una farmacia a oscuras, sacar un paquete de plástico transparente e inviolable de un portaequipajes y tener que esperar a que la cajera te llame. Una compra lujosa y divertida. LeBron y sus socios de la droguería afirman que pueden aprender mucho de Chanel sobre el mantenimiento de las divisas estéticas y el aumento de las ventas sin aumentar necesariamente los costes o los precios.

Invirtiendo unos céntimos más por unidad, Revlon podría transformar el envase secundario y envolver el lápiz de labios en una pequeña caja de cerillas que se sintiera más exclusiva y digna de un regalo. (También puede grabar su nombre o logotipo en la cera de la barra. Para Chanel, este elemento de diseño significa que las aplicaciones reales se sentirán menos comunes y más identificables. LeBron también puede plantearse reestructurar el lenguaje publicitario. Actualmente, se centra en la funcionalidad (tecnología de gel sin cera), utiliza clichés y expresiones kitsch (at-a-glance) y carece de señales visuales atractivas: un estilo fotográfico original más potente para los anuncios de Chanel. En cuanto al merchandising, LeBron muestra los artículos en colecciones (ColorStay, PhotoReady) o apariencias (ojos ahumados, casilleros gay) y no puede mostrarlos en categorías (barra de labios, rímel). Esto evitará que los consumidores adquieran artículos individuales (para resolver problemas) o compren conjuntos de temporada o estilos generales. Sobre todo, los consumidores podrán soñar. Cuando se trata de maquillaje, los consumidores compran experiencias accesibles a través de una variedad de productos que parecen personales y propios.

EFECTOS DE SONIDO Y NUESTRAS PREFERENCIAS

El sonido nos afecta de cuatro maneras. La primera es fisiológica. Las sirenas, las peleas entre humanos o escuchar a un perro gruñir provocan una respuesta de lucha o de huida, mientras que los sonidos relajantes de las olas del mar y el canto de los pájaros nos tranquilizan y reducen el ritmo cardíaco. Indica que las cosas son seguras (preocúpate si el pájaro deja de cantar). La segunda es psicológica. Por ejemplo, la música afecta a nuestro estado emocional. La música triste nos deprime y la música rápida nos alegra. El ruido natural también afecta a las emociones. Los pájaros que cantan la misma canción nos producen alegría y nos reconfortan fisiológicamente. La tercera forma en que el sonido nos afecta es la cognición. Las personas que trabajan en oficinas abiertas con muchos trabajadores son un 66% menos productivas que las que tienen oficinas privadas y silenciosas. Las oficinas abiertas se han popularizado durante el boom tecnológico, y algunas empresas siguen estando en desventaja.

La cuarta forma en que el sonido nos afecta en la acción. Si escuchas música rápida mientras conduces, puedes pisar el acelerador. Si escuchas el Canon de Pachelbel, puedes trabajar en una zona de velocidad de 45 mph y 55 mph. El tono determina lo que comemos. Los estudios demuestran que la gente es más propensa a elegir aperitivos azucarados y ricos en calorías y comida basura cuando está rodeada de música alta, y productos más sanos cuando escucha música suave y tranquila. Dipayan Biswa, profesor de economía y marketing de la Universidad del Sur de Florida, en Tampa, afirma que la música alta nos excita más, nos excita físicamente, nos desenfrena y tiende a elegir algo más generoso. La música baja nos hace estar más relajados y atentos y tiende a elegir algo adecuado para nosotros a largo plazo.

Por lo general, tendemos a alejarnos de los ruidos desagradables (por ejemplo, los equipos de construcción que hacen ruido en las aceras de la ciudad) y a escuchar sonidos tranquilizadores (por ejemplo, el sonido del camión de helados). Por desgracia, los ruidos desagradables pueden tener un efecto perjudicial en los locales comerciales (y otros espacios comerciales).

Aproximadamente el 30% de las personas abrirán un local si contiene un ruido desagradable.

Los supermercados suelen utilizar la música de los ascensores para frenar, durar e incluso comprar. En los restaurantes se suele utilizar música alegre para entrar y salir, para animar tanto a los clientes como al personal y para girar rápidamente los platos. Sin embargo, si el ritmo es molesto, puedes omitir el salto por completo. En un restaurante francés clásico, se puede establecer el estado de ánimo y el ritmo poniendo canciones de Piaf al fondo. Sin embargo, si el volumen es demasiado alto para hablar o escuchar con los compañeros, puede ganar un local italiano donde suene tranquilamente Frank Sinatra. Las tiendas que ponen la música a todo volumen pueden perjudicar el disfrute de la navegación y las pruebas, y ofrecen un mal servicio a ellos mismos y a sus clientes.

CAPÍTULO 3

DESCIFRAR EL CÓDIGO

> ➢ **CONOZCA SUS DESENCADENANTES EMOCIONALES Y LAS SEÑALES SENSORIALES DE LA MARCA**

El tono de llamada de Nokia, también conocido como Grande Valse, fue el primer tono de llamada identificado en un teléfono móvil. Lo introdujo la empresa finlandesa a principios de los 90 y procede de la composición del compositor español Francisco Tárrega para guitarra solista de 1902. Hoy se reproduce 20.000 veces por segundo en los teléfonos móviles de todo el mundo. Tapio Hakanen, jefe de diseño de sonido de Nokia, dijo a la prensa en 2014. Los tonos de hoy son menos pronunciados, pero el uso de guitarras acústicas suaves para tonos de llamada era poco frecuente al principio. Reflejaba el aspecto humano del lema que conecta a la gente de Nokia. Era algo fresco en aquel momento. En cierto modo, la popularidad de este tono de llamada señalaba la previsión del rendimiento definitivo de los dispositivos móviles para acercar a la gente a todo el mundo y utilizar la tecnología para hacer avanzar a la humanidad.

Una buena empresa se construye con miles de componentes, pero una buena marca se hace con sólo un puñado de códigos robustos. Grande Valse se ha convertido probablemente en uno de los códigos de marca esenciales de Nokia. ¿Qué es el código de marca? Son identificaciones o distintivos claros e inequívocos de la marca, que resumen sus aspectos filosóficos y estéticos. No hay que confundir el código de marca con el logotipo de la marca. Sin embargo, un logotipo simbólico puede ser uno de los diferentes tipos de código. El código de la marca difiere del ADN de la marca, que suele basarse en factores como la historia de la marca, el valor y el propósito social (o misión), ya que el ADN es de naturaleza conceptual y no sensorial. Tal vez lo más importante es que, aunque el código se distingue de los productos vendibles de la marca, conecta consciente y subconscientemente a los consumidores con las ideas, los recuerdos y las emociones que crean estos productos, y también anima a los consumidores a comprar.

Espacialmente, el código puede verse, sentirse, oírse e incluso experimentarse. De hecho, están casi en todas partes en productos, productos y productos. Por ejemplo, un eslogan fuerte puede crear una conexión con carga emocional que estimule el deseo de productos relacionados. Por ejemplo,

Folger es la mejor parte del despertar, a Coca-Cola le gusta enseñar la canción al mundo, y Miau, Miau, Miau, Miau en Meow Mix evocan la hora de la mañana y la agradable sensación de un nuevo comienzo. La unidad y la comunidad. Y la dulzura y el encanto de la mascota que amas. Los acordes que se encuentran en sonidos como las canciones de Nokia, Ho-ho-ho de Jolly Green Giant o los tonos de león de MGM también crean fuertes asociaciones.

Se pueden encontrar códigos visuales robustos en ciertos usos y propiedad del color, como el rojo carmesí de Harvard, el púrpura real de Cadbury y el amarillo yema de Veuve Clicquot. La Sra. Lauder eligió un tono azul verdoso claro para el vaso de cuidado de la piel para que se integrara bien en la decoración del baño del cliente y mostrara con orgullo la crema en el mostrador. Pero también para que se viera la elegancia que hacía que sus vasos fueran fácilmente reconocibles desde la distancia y recordara el uso de la fabulosa chinoiserie europea. En la actualidad, la marca utiliza una gama más amplia de tonos, desde el marrón cobrizo hasta el blanco brillante, pero el azul original se mantiene para algunas de las cremas y lociones más conocidas.

El código también se encuentra en los diseños de las habitaciones y los edificios. B. Manzana retroiluminada. Destaca y está integrada en la pared del Apple Store. Además, la Apple Store es fácilmente reconocible por las amplias salas, las fachadas de cristal del suelo al techo y las puertas de los hangares delanteros. Estos factores no sólo distinguen a Apple de las tiendas cercanas, sino que también difuminan la distinción entre el interior y el exterior, y atraen la atención de la gente hacia la exposición de productos, que es la estrella del escenario de Apple. Curiosamente, otros minoristas tienden a fracasar cuando intentan copiar el enfoque de diseño de Apple. Porque consideran que su imitación es falsa y poco inspirada.

El código sirvió a la empresa mientras los consumidores estadounidenses querían consistencia y previsibilidad y querían ver el país conduciendo largas distancias dentro de la empresa. Johnson, después de un largo día conduciendo y viendo nuevos lugares, se dio cuenta de que el confort imaginario (sin limpieza) de casa era muy aceptado. Por esta razón, los nuevos restaurantes se inspiraron en las iglesias de Nueva Inglaterra o en el ayuntamiento con tejados a dos aguas o alas y cúpulas. El propio ayuntamiento de Nueva Inglaterra era un código que Johnson tomó prestado para mostrar acogida, seguridad y hospitalidad tradicional. Según Langdon, las tejas de los tejados de porcelana y metal están pintadas de naranja para atraer la atención de los conductores lejanos. Pero cuando los deseos estadounidenses cambiaron, HoJo no se diferenció de ellos, y la empresa perdió su liderazgo. Andrew King, profesor de la Escuela de Negocios Tuck de la Universidad de Dartmouth, y Brazier Bataltok Tof, estudiante de doctorado de la Universidad de Columbia Británica en Vancouver, acabaron forzando la limpieza con la economía básica.

Los consumidores suelen comprar productos y servicios en función de lo que sienten por estas ofertas. Si una propuesta no puede seguir el ritmo de los deseos cambiantes de los consumidores, las empresas fracasarán. HoJo's es un ejemplo clásico. Es un reto para una empresa crear emociones sólo a través del diseño del producto. Los códigos de marca proporcionan mucho más significado y resonancia emocional que los productos individuales. Son uno de los activos más valiosos de la marca, ya que crean una conexión pasional fuerte y duradera entre las personas y los productos. En esencia, son la raíz de la deseabilidad de un producto, o lo que los economistas llaman demanda.

CÓMO EVOLUCIONAN LOS CÓDIGOS

El código evoluciona y evoluciona de forma orgánica, lenta y no intencionada. Suelen emanar del fundador de la empresa y de sus principios básicos y preferencias personales. El código de la marca en sí no se crea como un código. Son un subproducto de un proceso creativo más amplio. Si el sistema está bien diseñado y se integra de forma coherente en el esfuerzo de desarrollo de la marca, se convertirá en el elemento más reconocible de la marca. Seguirá mostrando historias significativas y memorables sobre la historia de la marca, su experiencia y el producto Tú. En esencia, el código aprovecha nuestros deseos y crea una burbuja de mitos de ensueño.

Con el tiempo, el mito que sugiere el código se integrará con la marca. Los sistemas son narraciones abreviadas que resultan mucho más convincentes desde el punto de vista emocional que el propio producto. Por ejemplo, uno de los códigos más destacados de la marca de lujo francesa Herm es el logotipo del carruaje Duc pintado por un caballo. La empresa fue fundada por Thierry Hermes en París en el siglo XIX como un taller de arneses al servicio de los aristócratas europeos. Hermes ha creado los mejores arneses y riendas forjados para la industria del transporte. Por tanto, Ma era realmente un cliente de la marca. Dos siglos después, el código sigue representando el compromiso de Hermes con la artesanía tradicional europea y el lujo raro pero modesto.

En general, cuanto más rico es el patrimonio y más profundo es el archivo, más potente y persistente es el código. Al observar una marca madura, pregúntese: ¿En qué creían básicamente los fundadores en sus propuestas de negocio? ¿Cómo se relacionan estos principios con el contexto en el que se despliega el negocio (es decir, el tiempo/la ubicación/otras variables), y cómo se mantiene el código relevante a través de los cambios en el tiempo, la cultura y el entorno?

Sin embargo, las empresas jóvenes y las de nueva creación también tienen la herencia. Para las nuevas empresas, el contexto se encuentra a menudo en la cultura. Por ejemplo, Amazon.com tiene accesibilidad, valor, valor corporativo y conveniencia.

PRECISO Y ESPECÍFICO

El código robusto nunca se ve en la descripción general, pero puede encontrarse en una explicación exacta y concreta. Por ejemplo, UPS lleva la marca Pullman Brown, no marrón. Las notas post-it de 3M no son amarillas. Son de color amarillo canario. Hermes tiene un tono distintivo de naranja quemado. Louis Vuitton tiene un tono particular de marrón: burdeos viejo y sucio. El color de Tiffany no es sólo azul. No es ni azul marino, ni azul cielo, ni azul verdoso. Es el azul huevo de petirrojo. Es el número 1837 de la carta del Sistema de Correspondencia Pantone. Tiffany comenzó a utilizar el tono distintivo del azul huevo de petirrojo en la portada del Libro Azul en 1845, menos de diez años después de su fundación. Son casi dos siglos de marca.

Lo mismo ocurre con los códigos de los logotipos. Starbucks no utiliza las viejas sirenas ordinarias con una cola. Utiliza una sirena verde ilustrada con dos colas inspirada en un antiguo grabado nórdico. (El nombre de Starbucks procede del personaje de la famosa novela de Harman Melville "Movie Dick". Starbucks fue el primer compañero del barco del capitán Ahab, Pecod. Para Starbucks Global Creative Studios, el símbolo más destacado de nuestra marca es la relación entre Starbucks y el café: En primer lugar, la empresa se fundó en Seattle, cerca de Puget Sound, y tiene fuertes vínculos con el agua, y en segundo lugar, los granos de café están en Etiopía. Viajan largas distancias desde lugares exóticos y lejanos, como Kenia y Colombia, y llegan en grandes barcos contenedores. Según los mitos, las sirenas también nacen de lugares exóticos, viajar el océano abierto, En tercer lugar, el dios griego En, Starbucks de la misma manera que para tentar a los amantes de la L profunda, que la sirena fue atraído marineros. Sirena representación concreta de es algo para recordar cuando se piensa en Starbucks.

PROPIO

La especialidad significativa y robusta del código es la razón por la que muchas empresas e instituciones se protegen contra las infracciones, registran legalmente sus marcas y persiguen con ahínco a quienes intentan robarlas para su propio beneficio. Esto nos lleva a la siguiente función del código robusto: la propiedad.

A pesar de las limitaciones de la propiedad intelectual, el código robusto no sólo puede ser duplicado por otros. E incluso si se reproduce, sigue estando estrechamente relacionado con el propietario original de la marca. Imagine una oreja de ratón gráfica utilizada por Walt Disney, un castillo inspirado en Neuschwanstein o una taza de café Anthora para dos personas utilizada por un comensal griego. Un tipo de letra que se asemeje a las letras griegas y tenga una combinación de colores azul y blanco inspirada en la bandera griega. Piensa en el anillo de la tapa del horno holandés de Le Creuset. En todos estos casos, las reglas de la casa son profundas, por ejemplo, B. con un ratón, un candado, una taza de café de papel, o una olla de hierro fundido esmaltado y las típicas sillas de cuero tejido de Bottega Veneta o las sillas de plástico moldeado de Charles y

Ray Eames y asociadas para siempre a la marca que la colocó originalmente en la tarjeta.

El código está muy vinculado a la marca. Por eso, cuando se descontextualiza o es utilizado por otras marcas, el vínculo con la marca original es seguro y está estrictamente protegido por el propietario original. Las orejas de ratón de Disney son más que Mickey. Transmiten sensaciones lúdicas y extrañas, sueños infantiles, inocencia y encanto. En 2014, la compañía demandó a un famoso DJ que llevaba un casco con orejas de ratón en sus actuaciones en directo por todo el mundo. Según Disney, el DJ Joel Zimmerman, conocido como Deadmau5, utiliza un logotipo que se asemeja a las orejas de un ratón de Disney, pero utilizar el icono de Zimmerman es precisamente lo contrario a la historia que Disney quiere contar. El caso se resolvió en 2015, y los DJs utilizan grandes orejas de ratón como parte de la marca.

LA PRUEBA DEL TIEMPO

El código robusto ha evolucionado y, como se ha mencionado, generalmente no se considera código. El sistema más robusto evoluciona con el tiempo y rara vez cambia. Si cambian, los cambios son conservadores e incrementales. La clásica chaqueta de tweed de Chanel no empezó como un código de marca, pero sin duda se ha convertido en un código de marca y sigue siendo un identificador fiable de la marca. El tejido en sí fue encargado por Coco Chanel en 1924 y se inspiró en el equipamiento deportivo que llevaba el entonces apuesto Duque de Westminster. Chanel se encargó de confeccionar el primer Tweed en una fábrica escocesa y produjo diversas prendas deportivas, como trajes y abrigos. Sin embargo, no fue hasta 1954 cuando el Tweed se convirtió realmente en algo único cuando lo utilizó en la actual chaqueta Chanel.

La moda afirma que no hay nada más icónico que esta chaqueta clásica, con ojales tejidos y reales y una pequeña cadena de metal cosida en el interior de la parte inferior para que se ajuste al cuerpo correctamente. Aunque el diseño de la chaqueta ha seguido el ritmo de los tiempos en cuanto a colores frescos y ligeros cambios en los cortes, la silueta básica se mantiene lo suficientemente cerca de la forma original de 1954 como para ser fácilmente reconocible. Entonces era un ejemplo impresionante de modernidad y sencillez chic, y lo sigue siendo hoy. Incluso en los excesivos años 80, era un elemento básico en los armarios de los fashionistas. Siempre se pueden encontrar las clásicas chaquetas de tweed de Chanel en el sitio web de comercio electrónico de Chanel. Los trajes siguen estando sobrevalorados en el mercado secundario. El diseño básico y la construcción del abrigo no han cambiado significativamente desde que se concibió por primera vez. La chaqueta transmite un fuerte mensaje. La persona que la lleva es rica, apropiada, tiene mucho gusto y entiende la calidad. Hay mucho que decir sobre una chaqueta. La fuerza del cable, así como el estilo, son parte de la razón por la que esta chaqueta ha sido desbancada por otras innumerables marcas y fabricantes.

El código probado es algo más que una moda. Las empresas alimentarias heredadas utilizan la fuerza de sus normas. Ya se ha mencionado antes a Jolly Green Giant Hohoho. Los cánticos y jingles se han asociado durante mucho tiempo con los guisantes y las verduras congeladas. El gigante Ho-ho-ho no ha cambiado desde su introducción en 1925, pero los propios gigantes se han modernizado sutilmente desde entonces. Se ha hecho más grande, ha mejorado su aspecto y se ha vuelto más respetuoso con el medio ambiente. A pesar de las mejoras, fue reconocido inmediatamente como la mascota de la empresa y sigue desafiando esta categoría como un código vegetal grande y brillante. Aunque acaben comprando otra marca, los destellos del Jolly Green Giant quedan grabados para siempre en la mente de muchos compradores en el pasillo de los congelados.

RELEVANTE

El código robusto está relacionado con otros aspectos de la marca. No se han desarrollado de forma independiente, sino que se sienten auténticos y fiables. Por ejemplo, Tiffany Blue, una combinación de azul y verde, da una sensación de frescura y tranquilidad. Además, es intemporal y nunca está fuera de lugar. El color se asocia con la calma, la paz, la prosperidad y la feminidad. Todo esto conecta a la perfección con los productos de venta esenciales de la empresa, como las joyas, y especialmente los artículos de hogar de diseño exquisito, como los diamantes, los metales preciosos, los cristales y la cerámica.

Tiffany tiene un profundo legado que construir, pero sigue siendo de alguna manera moderna y relevante. El código de la marca no debe ser tratado como una pieza de arte de museo.

Incluso tienen que ser útiles y aplicables. Los responsables de marketing deben tomarse el tiempo necesario para comprender qué aspectos del patrimonio de la marca siguen siendo realmente muy relevantes y qué personajes son simplemente interesantes desde el punto de vista histórico. Como se ha mencionado anteriormente, la marca Louis Vuitton, por ejemplo, maduró durante el auge de la era de los barcos de vapor, la primera ola significativa de viajes internacionales. Vuitton, fabricante francés de maletas, introdujo a mediados del siglo XIX un baúl con fondo plano (apilable), de lona (relativamente ligero) y hermético (protegido contra las inundaciones).

Los materiales de la lona de Louis Vuitton eran prácticos y ligeros, la mayoría de los cuales eran perfectos para los viajes modernos en barco de vapor. LV siempre ha sido un lujo y durante mucho tiempo ha sido preferido por los ricos. Hoy en día sigue siendo relevante para los viajeros de lujo. Sin embargo, a medida que los viajes alrededor del mundo se vuelven más deseables, emocionantes y accesibles para más personas, Louis Vuitton ha ampliado con éxito su base y es una marca ambiciosa para más de un jet setter rico. y Voyagez pop-ups que son aventureros para enviar mensajes poderosos, modernos y consistentes que llevan a viajar. [marca] desde 1854 hasta hoy.

CUANDO LOS BUENOS CÓDIGOS SE ESTROPEAN

La marca Betty Crocker se habría resentido si hubiera seguido recurriendo a los clichés de las mujeres blancas estadounidenses de mediana edad muy domesticadas. Este es el código equivocado del siglo XXI. Uno de los mayores desastres en la codificación general se produce en las tiendas físicas. Los grandes almacenes, desde Macy's hasta Dillard, se han ceñido al mismo enfoque tradicional y poco inspirado del diseño de las tiendas durante décadas. Por supuesto, se sienten anticuados, homogéneos y aburridos. Principalmente, la falta de un código asociado borra los lazos emocionales que antes sentían los consumidores, y otra razón por la que muchos minoristas tradicionales ansían aire, y Claire, Bonton, autoridades deportivas, 4, juguetes, etc. se han declarado en quiebra.

Los minoristas no son irrelevantes. No lo es. Las marcas más antiguas, como Louis Vuitton y Gucci, han encontrado la manera de seguir siendo relevantes. ABC Carpet & Home, una de las tiendas favoritas de Nueva York, crea una sensación de teatro para las casas y decoraciones en un ambiente dramático. El interior de la tienda insignia se asemeja a una encantadora calle de boutiques donde se pueden buscar eventos. La tienda parisina Le Bon Marché (una de las favoritas) mantiene su icónico diseño de escaleras mecánicas y el impresionante escaparate culinario de La GrandeÉpiceriede París, pero su antiguo código Los espacios iluminados y arquitectónicamente inspirados siguen encontrando nuevas formas de convertirse en momentos de compra únicos y creativos. Se dice que Le Bon Marché fueron los primeros grandes almacenes del mundo abiertos en París en 1852 por el empresario y comerciante francés Aristide Bousseau y su esposa, Marguerite. Querían abrir un nuevo tipo de negocio que estimulara todos los sentidos. La enorme iteración de la empresa parisina fue diseñada por el arquitecto Louis-Charles Boileau y el ingeniero Gustave Eiffel (sí, su Eiffel). Boucicaut también es innovadora para los estándares actuales, habla con los clientes y desarrolla muchas experiencias sensoriales que han convertido el negocio en un éxito. Diferentes precios y entretenimientos para los niños. Las ventas de temporada, que incluyen un catálogo de venta por correo (en realidad el primero del mundo) y las ventas de ropa de cama blanca que tienen lugar después de Navidad, cuando el tráfico ha disminuido. La tienda sigue sorprendiendo a lugareños y turistas con sus mágicos expositores, sus departamentos curados, su magnífica arquitectura y su mobiliario.

Los minoristas pueden tener éxito. La gente siempre siente, toca y siente la necesidad de olfatear, y los minoristas ofrecen un lugar donde pueden hacerlo. El comercio minorista es un lugar en el que los productos y los expertos (vendedores) pueden atraer los sentidos de los clientes con lo único, lo sorprendente y lo útil. Eso es lo que debe perseguir el comercio minorista.

BÚSQUEDA DE CÓDIGOS

El código proviene de expresiones y acciones que han demostrado ser coherentes, auténticas y emocionalmente tenaces a lo largo del tiempo. Tanto si su empresa tiene 100 años como si tiene cinco, para cualquiera que intente revelar el código, el primer paso es hacer lo que yo llamo una auditoría de marca. Saltar al archivo. Por supuesto, cuanto más profundo sea tu legado, más trabajo tendrás que hacer. Para las empresas consolidadas, mirar hacia atrás en los archivos, como suelen hacer las casas de moda, puede ser una experiencia extraordinaria. No se trata sólo de cómo se fabricaba y vendía históricamente su producto, sino también de por qué se fabricaba y vendía, de cómo su expresión se vio influida por la época y, sobre todo, de un sentido envolvente de cómo ha evolucionado a lo largo de la historia. ¿Quién es el fundador?

¿Cómo le influyó la época? ¿Qué otras fuerzas actuaron? ¿Cómo ha evolucionado su marca en un contexto e impacto cambiantes? ¿Cuál fue el momento definitorio de la marca? A partir de ahora, puedes ver cómo aparece el patrón. Puedes ver qué expresiones de la marca siguen resonando, qué emociones no resuenan, y cómo el liderazgo de la empresa, la cultura y el mercado han respondido a diversas señales en el proceso.

El archivo puede contener muestras o imágenes del diseño del producto (preferiblemente presentadas en orden cronológico para que los auditores puedan ver cómo ha evolucionado el modelo). Sin embargo, también debe incluir otros elementos visibles, como logotipos, lemas, publicidad y planos de las tiendas. El siguiente paso es lo que yo llamo "patterning". ¿Cuáles son los componentes que se superponen o conectan los capítulos históricos de los diferentes productos, segmentos y negocios? ¿Cómo se compara cada uno de estos elementos visibles con los cuatro criterios de los códigos fuertes (probado en el tiempo, preciso y específico, propio y relevante)? ¿Cómo funcionan los códigos individuales juntos? Algunos pueden potenciar los valores e ideas esenciales. Otros pueden socavarlos.

COMPROBACIÓN DE LA SOLIDEZ DE LOS CÓDIGOS DE UNA MARCA

Una vez que haya completado una auditoría de marca y haya identificado patrones claros, iconos y un posible código, ¿cómo puede probar la fuerza del código potencial? Una forma es ocultar el nombre de la marca, el logotipo o todas las referencias a un producto concreto, mostrando así las campañas de publicidad y marketing de la marca a personas no afiliadas o imparciales. Basándose en los elementos mostrados (por ejemplo, la paleta de colores, la selección de materiales, el tipo de letra, la voz/el sonido e incluso la ubicación), compruebe si pueden identificar su empresa. Esta es la prueba de fuego definitiva para las marcas potentes construidas sobre un código claro, coherente y propio.

Aunque su empresa tenga un código sólido e identificable y una posición fuerte en el mercado, recuerde que el mercado es dinámico y los clientes siempre toman nuevas decisiones. Los clientes fieles pueden mantenerse alejados y atraer a nuevos clientes con el tiempo para que el negocio sea sostenible, crezca y siga siendo relevante. El equilibrio entre mantener a los clientes satisfechos durante muchos años y atraer a nuevos clientes que pueden tener expectativas diferentes a las de los clientes existentes es un problema para todas las empresas. En el próximo capítulo, veremos este y otros retos cotidianos y las soluciones estéticas para abordarlos.

CAPÍTULO 4

DISEÑADO PARA DURAR

> **ENFOQUES ESTÉTICOS PARA CUESTIONES DE INTERÉS GENERAL**

Aunque no hay dos empresas que se enfrenten al mismo problema, los obstáculos al crecimiento y la viabilidad suelen ser patrones reconocibles. Y muchos de ellos se abordan mejor a través de lo que llamamos una solución estética. Solo 60 de las 1955 empresas de Fortune 500 permanecieron en la lista en 2018. ¿Por qué pocas empresas son capaces de mantenerse en el éxito? En resumen, la mayoría de las empresas están jugando a juegos que no pueden ganar. Como Yahoo!, el objetivo no puede vencer a Wal-Mart en los juegos de Wal-Mart. Los juegos de Google no pueden vencer a Google. Sin embargo, Yahoo! en cambio, Target mantiene un estado relativamente estable jugando sus propios juegos.

En cuanto a los retos empresariales clásicos, las soluciones no suelen encontrarse en los estudios de casos de las escuelas de negocios ni en los libros de negocios más vendidos. Se trata de una empatía profunda sobre lo que sienten sus clientes y lo que les gusta, no sobre lo que compran o dónde compran, y su visión de poder potenciar la alegría como persona, no como comprador. Comprensión. Según Clayton Christensen, profesor de negocios de la Harvard Business School y uno de los mayores expertos del mundo en innovación y crecimiento, al comprar algo, queremos contratarlo y trabajar. Al ayudar (si encuentra algo), buscamos una cita sexy o ponemos algo sabroso y saludable en la fiambrera de nuestros hijos).

Si el producto funciona, vuelve a contratar (es decir, a comprar). Si fracasa, lánzalo. Compramos cosas porque, por muy mediocres y grandilocuentes que sean, quieren contribuir al éxito de nuestros esfuerzos. En otras palabras, la gente compra cosas, no máquinas. Las personas son emocionales y toman decisiones principalmente en función de cómo se sienten con la compra. Cuanto mejor se sientan, más agresivos y fieles serán a sus productos y marcas. Christensen dice que las empresas pueden pasar por alto (y fracasar) esto y tomar decisiones de producto y marketing basadas en los atributos del comprador (estatus, edad, trabajo, género) y la correlación errónea con su decisión de compra.

Independientemente del negocio que hagas, yo, como todos los empresarios, te aconsejo que incorpores tus valores, tu carácter, tu estilo e incluso tus hábitos a las ecuaciones en la medida de lo posible. ¿Por qué comprar? ¿Qué tipo de sentimiento quieres evocar con tu compra? ¿Por qué y qué productos y marcas concretas prefieres para conseguir esa sensación? ¿Qué es lo que te hace fallar? Su opinión personal es importante para su negocio. Al fin y al cabo, tú también eres un consumidor y eres tu propio experto. Ser tú y aportar todo de ti al proceso es tu mayor diferenciador, y a nivel humano, tus clientes son los más receptivos. Forme y potencie la voz y el valor de su empresa, incluyendo sus creencias personales y sus preferencias personales.

Llevarse a la mesa profundizará la empatía con sus clientes. La comprensión es un aspecto importante de la mejora continua en la estética y el negocio. Un claro ejemplo de la falta de empatía lo encontramos en el lanzamiento y la rápida desaparición de las Google Glass. Google Glass no fracasó ni fue despedido por los consumidores debido a una inversión insuficiente en I+D técnica, marketing o comunicación. Fracasó por la forma en que su diseño básico hace sentir a su portador (desagradable y poco placentero). No quería ver a la gente con gafas. Google no hizo el trabajo.

LA TRAMPA DE LA MERCANTILIZACIÓN

Si la venta de un producto le parece generalmente complicada, intente venderlo. Su único beneficio puede ser su precio relativamente bajo, y este beneficio necesariamente disminuirá con el tiempo. Sin embargo, algunas empresas han hecho único el reto aparentemente irresoluble de vender productos simples, no diferenciados y reemplazables, diseñando experiencias humanas totalmente nuevas y emocionantes basadas en los resultados. Lo hemos transformado con éxito en una propuesta de valor diferenciada y sostenible. Llamamos a esta estrategia una solución de Starbucks para cambiar el enfoque de productos de bajo valor a productos de alto valor. Ya sea que vendan café, soja o cemento, estas empresas de mercancías crean una experiencia única y emocionante, y a través de estrategias estéticas que tejen una rica historia sobre el producto para desarrollar el entusiasmo, el deseo y la lealtad. Tienen la oportunidad de transformar todo su negocio.

A diferencia de las cafeterías tradicionales, Starbucks diseñó los interiores primando la comodidad sobre la eficiencia, construyó varistores para los servidores y nos recordó el saber hacer y la artesanía europea. La cuestión aquí no es si Starbucks se diferencia y es relevante hoy en día. Afirma que su negocio no ha evolucionado, sino que se puede aprender de sus primeros avances y años de éxito. En los años 90 y principios de los 2000, Starbucks era reconocido como un producto altamente diferenciado e innovador. (Lo mismo ocurrió con McDonald's en los años 60 y 70).

EL SURCO DEL SUBCAMPEÓN

Cuando la empresa queda en segundo lugar, está compitiendo con excelentes jugadores con recursos y habilidades mucho más profundas. Estas empresas se han unido o se han unido a empresas que tienen prácticas y tradiciones establecidas, técnicas de ventas y marketing y reputación de empresas conocidas. El obstáculo es combinar el propósito apreciativo en su negocio de forma que mejore y diferencie su marca de los líderes del sector y atraiga a grupos de clientes totalmente nuevos. Por ejemplo, Southwest Airlines se ha apoderado de su bolsa siendo inteligente con su propio tema de diseño (sólo una máquina sin corazón), la inclusión de colores cálidos (Canyon Blue y Sunflower Yellow), y los eslóganes anteriores, está en marcha. Un ejemplo típico de la venta al por menor es, por supuesto, el objetivo frente a Walmart. El objetivo no podía competir con Wal-Mart, especialmente en términos de precios bajos diarios, pero su estrategia barata y chic ha construido eficazmente una posición fuerte en el mercado. Asociaciones de diseñadores; anuncios ingeniosos y pegadizos. Proporcionar una comunidad.

La chispa de excelencia de Clinique es un símbolo añadido de una empresa que ha construido su propia posición fuerte, evitando la competencia con los líderes del mercado. Clinique fue lanzada en 1968 por Est Lauder Companies y fue diseñada en contraste con Est Lauder, una de las marcas hermanas más establecidas y populares en los grandes almacenes estadounidenses de la época. Aunque las dos marcas pertenecían a la misma empresa matriz, eran muy competitivas y vendían productos similares al mismo comprador en la misma tienda. Pero en términos de estética, no podían ser más diferentes. Estrada se centraba en la elegancia del Viejo Mundo y mostraba modelos de belleza clásica en ambientes glamurosos. Clinique, que hacía hincapié en las ventajas técnicas, nunca había utilizado a la modelo en la publicidad. Su producto en sí mismo era una estrella. Como tal, fue cuidadosamente expuesto por el legendario fotógrafo Irving Pen, artísticamente fotografiado, y apareció en una campaña elegante y pegadiza. Incluso se tomó en serio la línea, con un nombre que sugería un hospital francés.

El concepto de Clinique nació de Carol Phillips, editora de belleza de Vogue, que cree en un enfoque más científico de tres niveles para el cuidado de la piel. Mientras que la asesora de belleza de Lauder debía crear elegancia y estilo, la de Clinique llevaba una bata de laboratorio y adoptaba un enfoque curativo para la formación de los clientes. Clinique también construyó dispositivos similares a un ábaco para los mostradores. Las clientas podían diagnosticar su tipo de piel: grasa, seca, delicada o federada. Por último, mientras que la chispa de Lauder se basaba en sus potentes redolencias, todas las existencias de Clinique se cambiaban por otras a prueba de alergias y sin fragancias.

EL PESO DE LA HISTORIA

En general, un profundo legado es un activo valioso para las empresas, pero algunas se sumergen en el pasado y pierden toda relevancia en el presente. El reto para estas empresas es integrar una estética que reavive el glamour y el atractivo de la marca al tiempo que utiliza los códigos históricos más influyentes. Sears y Strobe Breweries Company son ejemplos de marcas heredadas fallidas. Mientras tanto, Gucci, Harley Davidson y Hennessy florecieron a través de muchas encarnaciones sucesivas.

El plan de reconversión de Sears no tiene nada que ver con la estética, el comercio minorista imperfecto, la reestructuración y la gestión de la propiedad, y da lugar a importantes errores de cálculo en la gestión de sus problemas principales. A principios de octubre de 2018, Sears se preparó para la quiebra. El problema con el caso de Sears es que es un minorista pobre, dice Neil Saunders, director general de Global Data Retail. Francamente, todo, desde la venta al por menor hasta el servicio, pasando por la mercancía y las normas empresariales básicas, ha fallado en todos los aspectos del comercio minorista.

La dirección de Sears ha pasado por alto el elemento humano del negocio al cerrar tiendas y subastar bienes inmuebles para reducir costes, aumentar el flujo de caja y obtener beneficios. Si el problema de Sears fuera simplemente el exceso de inflación, la estrategia podría haber tenido sentido. Pero tener demasiadas tiendas no es la razón por la que Sears lo sufrió. Las ventas de las sucursales en el cuarto trimestre de 2017 disminuyeron de 6.100 millones de dólares en el cuarto trimestre de 2016 a 4.400 millones de dólares. La propia empresa cree que la mitad de estas pérdidas se deben a un menor espacio. El resto de las pérdidas son el resultado de un descenso del 18% en las ventas del mismo negocio. 11 Sears continúa vendiendo su inventario y está buscando compradores de diferentes marcas que pueden caer IV gotas un poco más, que va a reactivar la tienda.

Lo cierto es que Sears se ha independizado de los consumidores. Para resaltar este punto, una encuesta realizada en 2016 entre compradores de ropa de mujer descubrió que preferían comprar en la tienda Good Will antes que en Sears. Y la gente elige comprar en Amazon porque está relacionado con sus necesidades de comodidad, accesibilidad, facilidad de uso y transparencia. Amazon es la única versión del grueso catálogo de Sears del siglo XXI que las familias recibían antes por correo y que sólo está disponible las 24 horas del día. Al igual que el Amazon de hoy, los catálogos de Sears abarcan desde telas para el jardín hasta casas prefabricadas y celebridades como Lauren Bacall, Susan Hayward, Jean Autry y la legendaria leyenda del béisbol Ted Williams. Productos. Aunque la gama de productos de Sears ha disminuido considerablemente desde su apogeo, Amazon sigue llegando a los límites de lo que se puede vender. El sistema de almacenamiento y la cooperación entre humanos y tecnología robótica pueden almacenar y enviar una gran variedad de artículos. La asociación con el fabricante hace que ya no haya muchos otros artículos que poner a la venta. En el caso de Sears, no consiguió sustituir la inteligencia estética por la ingeniería financiera.

NO HAY ESPACIO PARA MOVERSE

¿Cuál es el proceso artístico para construir una base de clientes nueva, cautiva y leal a pesar de la presión competitiva y el ruido del mercado? El reto para la mayoría de las nuevas empresas, especialmente en el sector de los pequeños bienes de consumo, es competir en sectores cada vez más saturados, competitivos y maduros. Sin embargo, varias empresas nuevas, como el fabricante de gafas Warby Parker y la marca de ropa Eberlane, fueron capaces de resolver el caos.

En el momento de escribir este artículo, Warby Parker está valorada en aproximadamente 1.000 millones de dólares. Hoy es una empresa prominente, pero cuatro estudiantes de una escuela de negocios se preguntaban por qué las gafas y los pequeños trozos de plástico eran tan caros. La respuesta a esta pregunta ha inspirado la venta de gafas de moda a un precio mucho más bajo. Luxottica, la misma empresa que posee el principal fabricante de lentes de gafas, es propietaria de Pearle Vision, Ray-Ban y Oakley, y de las licencias para todas las monturas de gafas graduadas y de sol de Chanel y Prada y muchas otras marcas. Gafas con nombre. El fundador de Warby Parker creyó que evitar a los minoristas y sus intermediarios podría ahorrar a los consumidores el recargo del 300% asociado a la venta en tiendas.

Para los que quieren comprar gafas de marcas de diseño como Chanel, Luxottica paga derechos a la marca y aumenta los precios de venta al público con una prima adicional. La popularidad de las gafas de marca ha dado al fundador de Warby Parker grandes consejos para triunfar en el negocio de las gafas. Hay que prestar atención a los deseos de los clientes para lograr un alto nivel de experiencia en la compra de gafas. ¿Cómo compran las gafas los clientes? Lo primero y más importante es comprobar si les quedan bien en la cara. Por eso, somos los primeros cofundadores de marcas de moda, y Neil Blumental dijo a Forbes. Las gafas están de moda y son divertidas, y la experiencia de compra es increíble. Pide 5 monturas y te las enviarán gratis. Después, pruébatelas, pregunta a tus amigos qué te parecen, elige una y envíala con tu receta. Unos días después, las gafas nuevas reciben una fracción del precio de venta al público. Y aunque el precio ciertamente responde a la molesta pregunta que todos los que llevan gafas se hacen a menudo (¿por qué es tan caro este bulto de plástico?), ha llevado a Warby Parker a su propio segmento. Estas marcas crean inteligentemente momentos de experiencia para el cliente que se diferencian de las propuestas de valor tradicionales para los jugadores en áreas altamente competitivas. Su compromiso va mucho más allá del diseño, las características y las capacidades de los productos vendibles. Se basa en experiencias que promueven el sentido de comunidad, la curiosidad y las relaciones con el comprador.

UN DILEMA INDUSTRIAL

Esta serie de retos afecta a las empresas con productos industriales que se fabrican y venden por su utilidad. Sobre todo, las personas que compran estos productos quieren que sean prácticos y duraderos, porque el cambio de estos bienes es caro. La mayoría de nosotros no tenemos que sustituir los todoterrenos cada año. Tampoco es necesario instalar un horno cada seis meses o pintar el salón en un plazo de 60 días. A algunas empresas como Dyson (aspiradora), Viking (cocina), Yeti (nevera), Harrys (maquinilla de afeitar), Benjamin Moore (color) y Porcelanosa (baldosas) se les pide que utilicen modelos estéticos. Crear marcas que se valoren es mucho mejor que las propiedades del producto.

Dado que la estética de uso es tan esencial para Dyson, hace poco anunciamos que dejaríamos de desarrollar aspiradoras con enchufe, y que centraríamos nuestros esfuerzos de innovación en la versatilidad y funcionalidad de los dispositivos y robots sin cable. Muchos de nosotros sabemos que el cable de la aspiradora se enrolla alrededor de las patas de la mesa, se mete en la boca de la aspiradora y tropieza con ella. Es molesto. Esto incluso impide a muchas personas que conozco sacar la aspiradora del armario, a no ser que sea imprescindible para su bienestar. Las aspiradoras sin cable y las aspiradoras robóticas, en combinación con la potente tecnología de succión de Dyson (la primera función vendida, una aspiradora que no pierde potencia de succión), han beneficiado a las personas que limpian y a los propietarios de viviendas de todo el mundo. La empresa ha acudido realmente a nuestro rescate y quiere que la limpieza y el mantenimiento sean fáciles y rápidos. Este es el epítome de la empatía a la hora de crear un producto. No porque sea fácil para Dyson, sino porque es fácil y divertido de limpiar para los clientes.

La belleza de Yeti es la capacidad de hacer de la nevera habitual para acampar, cazar y pescar un verdadero deseo. El producto es tan eficaz (los hambrientos osos pardos no irrumpen en las neveras cuando están cerradas), que los clientes presumen de la empresa. Hacen marketing por nosotros. Pero Yeti no es realmente sobre neveras. Se trata de proteger la naturaleza y la naturaleza. Sobre la deportividad y la naturaleza. Esta marca fue fundada por Ryan y Roy Ciders, que querían crear una empresa de cañas de pescar. Primero se vendió a pescadores y cazadores serios, una afición que también disfrutan sus hermanos. Las denominadas masas de gancho y bola utilizan la función más refrescante casi inmediatamente para proteger su contenido y mantenerlo fresco y crujiente durante mucho más tiempo que los competidores de los líderes del sector de toda la vida, como Coleman e Iglu.

Con las piezas de repuesto, la empresa también ayuda a los consumidores con el problema de enviar a muchos compradores de otros refrigeradores a la tienda para hacer una sustitución completa. Sustituir una nevera de 500 dólares más relajada porque las piezas quedan inutilizadas no parece adecuado para las empresas que dependen en gran medida de la confianza de los consumidores. La nevera está diseñada para que los elementos frágiles puedan sustituirse rápida y fácilmente. En casa, el perro muerde el [asa de la cuerda] e informa al cliente en lugar de enviarle una nevera de repuesto. Oye, saca el destornillador ranurado, salta y eso se cae. Ryan envía una nueva. Pero, ¿la capacidad de mantener la cerveza y el pescado frescos durante horas merece el precio diez veces superior (de 300 a 1.300 dólares frente a los 25 a 150 dólares de las marcas de la competencia)? No, la capacidad de los hermanos de crear auténticas historias de marca se convirtió en algo más crítico para el éxito que la naturaleza no destructiva del producto. La historia ha ayudado a convertirse en una empresa de 450 millones de dólares en menos de 20 años.

LA ÉTICA DE LA ESTÉTICA

Como padres de dos adolescentes, nos preocupa la tentación de atacarlos cada día. Una de ellas es fumar al vapor. Las tecnologías que se diseñan superficialmente para ayudar a los adultos a dejar de fumar son productos y comportamientos que se desarrollan, especialmente, para los adolescentes y para su propio disfrute. Juul es la empresa más avanzada en las áreas de diseño, marketing y experiencia. Incluso el nombre (pronunciado joya) sugiere algo precioso y deseable, especialmente para los jóvenes. Sin embargo, el nombre también hace referencia a los julios, la cantidad de energía necesaria para generar un vatio de potencia por segundo. Los productos como Apple y Thumb Drive se ofrecen en diferentes colores planos. A continuación, conéctalo a un puerto USB de tu ordenador como si fuera una unidad flash y actívalo.

La estética puede fracasar. Esto no se debe a que su uso a nivel de la base sensorial no sea divertido o emocionante, sino a que la estética es deliberadamente engañosa o está destinada a atraer a los clientes. Esto se conoce como el efecto de la comida basura. Este producto puede ser deseable y tener un buen sabor, pero no nutre el cuerpo y no deja un regusto agradable. También se afirma que la comida basura se llama así por una razón. Peor que la falta de nutrición, comer sistemáticamente a lo largo del tiempo puede afectar a la salud.

Tanto los capitalistas como los empresarios deberían tener conciencia. La estética es poderosa y puede ser contraproducente (y comercial) en términos de reputación si su estrategia de negocio es aprovecharse de ella. Un ejemplo es Juul, una empresa que ahora es en parte propiedad del principal fabricante de tabaco Altria. En octubre de 2018, la FDA irrumpió inesperadamente en una oficina de San Francisco y confiscó más de 1.000 documentos relacionados con el marketing, las estrategias de venta y el diseño de productos especialmente atractivos para los adolescentes y otros jóvenes. Esto se hizo para garantizar que la organización cumple con la normativa federal de venta y comercialización de productos. Esto es preocupante, ya que el uso de los cigarrillos electrónicos entre los adolescentes aumentó con el descenso del tabaquismo tradicional. En 2017, alrededor del 12 por ciento de los estudiantes y alrededor del 3 por ciento de los estudiantes de secundaria usaron cigarrillos electrónicos, pero alrededor del 7,6 por ciento de los estudiantes fumaron cigarrillos regulares. Juul tuvo éxito, pero ¿cuánto cuesta? Y ¿quieres que tu preadolescente adopte el hábito?

CAPÍTULO 5

SINTONIZAR CON EL SABOR

El aprecio por el estilo y la estética no es innato. Hay que desarrollarlo y refinarlo con el tiempo. Y hay estándares de calidad y belleza. El hecho de que no te guste el vino de Burdeos no significa que no puedas distinguir entre un vino bueno y uno malo. Sí puede. Cuanto más aprendas lo que es bueno, más podrás apreciarlo, aunque no se ajuste a tu afición personal. La forma más obvia de entender cómo evoluciona el gusto es estudiar cómo cambia la sensación de un determinado alimento o bebida a lo largo del tiempo. En este capítulo, utilizamos el sabor -el sentido del gusto- como metáfora del concepto de un gusto más amplio: la percepción de la excelencia estética.

Comer es una experiencia necesaria. Todo el mundo lo hace. ¿Qué es lo que afecta al sabor de la comida, no sólo los ingredientes, sino también el entorno, las actitudes, los recuerdos, las expectativas y la compañía (el número de comidas deliciosas que se han hecho digeribles cuando la comida contenía compañeros de comida controvertidos)? Son muchos. El sabor aumenta o disminuye con la experiencia nutricional. Entender cómo funciona esto es una ventana a cómo se puede desarrollar y mejorar el sabor en el sentido más amplio de las palabras.

El gusto por la comida y la bebida se forma entre el sistema nervioso sensorial y diferentes partes del cerebro y, como la mayoría de las demás funciones nerviosas, se mejora y agudiza con la atención, el ejercicio y la experiencia. Históricamente, los científicos creían que el sistema nervioso humano era fijo y que la neurogénesis (el crecimiento del tejido nervioso) se detenía después de la etapa embrionaria. Sin embargo, en la segunda mitad del siglo XX, los investigadores descubrieron que las neuronas seguían formándose a lo largo de la vida, remodelaban el cerebro y establecían nuevas conexiones a través de la experiencia, la concepción e incluso las sensaciones. Por ejemplo, a la mayoría de los niños les gusta comer helado, aunque no se les enseñe a comerlo. La dulzura, la riqueza y la cremosidad son intrínsecamente divertidas.

En cambio, los niños no suelen disfrutar del sabor del café o del alcohol. Sin embargo, estas bebidas son muy atractivas para muchos adultos. Al contrario que el helado, tanto el café como el alcohol ganan en sabor. Su placer proviene de la exposición y el cultivo. Proporcionan una clara evidencia de que el gusto cambia, y muchos sabores se desarrollan y se aprenden.

Algunos ejercicios y actividades pueden ayudar a promover y fomentar el desarrollo del gusto. Sin embargo, el primer paso es comprometerse y tener paciencia. El buen gusto se desarrolla con el tiempo y está influido por una serie de factores, de los cuales sólo unos pocos pueden controlarse. Las preferencias personales están condicionadas principalmente por el tiempo y el lugar, no sólo por las condiciones de vida, sino también por circunstancias individuales como la educación y los valores familiares. También está formada por la genética. Por ejemplo, algunos estudios sugieren que nuestros genes determinan si prefieren o no el sabor del cilantro.

EL SABOR DE LA COMIDA: UN TROPO PARA EL REFINAMIENTO DE LA VIDA

Cuando pensamos en cómo hacer una dieta, aprendemos sobre la variedad de sabores y cómo podemos adaptarnos a ellos. No hace falta decir cómo y por qué nos alejamos de las experiencias sensoriales. Entrenarse para ser más consciente de ello es un paso importante (y normalmente delicioso) en el desarrollo estético. Los ejercicios y principios aquí descritos también pueden aplicarse a otras actividades sensoriales. Estos principios muestran cómo funcionan las experiencias, expresiones, códigos y decisiones artísticas específicas, por qué algunas combinaciones funcionan bien y otras no.

El concepto de "comida deliciosa" es engañoso. Por supuesto, se experimenta la comida a través del gusto. Esta función biológica es la principal forma de reconocer las sensaciones dulces, saladas, amargas, ácidas y umami. También experimentamos la comida a través de nuestra cultura, las expectativas gustativas, los recuerdos del pasado y la nueva información e ideas sobre lo que comemos. A la hora de comunicar información sobre la dieta, hay que tener en cuenta el sabor no sólo desde el punto de vista científico, sino en general. No basta con llegar a un consenso en una sala llena de catadores de que una determinada experiencia gastronómica es deseable o indeseable. Es esencial comprender todos los factores que promueven la conciencia individual.

EUGENESIA Y APRECIACIÓN

De hecho, nuestro ADN determina la mayor parte de lo que probamos y si nos gusta o no lo que sentimos. Los estudios demuestran que entre el 41 y el 48 por ciento de nuestras preferencias alimentarias son genéticas. La lengua humana tiene entre 2.000 y 5.000 mil sabores. Todos los sabores tienen entre 50 y 100 receptores que procesan cinco perfiles gustativos: dulce, salado, amargo, ácido y umami (a menudo denominado sabroso). El ADN determina el número de receptores. En Asia, América del Sur y algunas partes de África, el 85% de la población local es muy sensible a los sabores (especialmente a los compuestos amargos), y los europeos autóctonos son menos susceptibles a los distintos sabores.

Los investigadores también han descubierto que los que odian las comidas abundantes tienen más sabor del habitual. Es decir, el sabor se acerca o supera los 5.000. Los científicos denominan a estas personas "súper iniciadores". Estas personas pueden registrar características mucho más agudas que otras y suelen tener una aparente aversión a los alimentos superdulces, el café fuerte, las salsas barbacoa grasas y picantes y las cervezas de lúpulo. Si un gen constituye casi la mitad de algunas preferencias gustativas sobre otros sabores, ¿qué determina la otra mitad? ¿Y cómo determinan la experiencia, la exposición y el esfuerzo la otra mitad?

OTROS SENTIDOS, OTRAS CUALIDADES

Todos nuestros sentidos empiezan a funcionar cuando comemos. Vista Olfato Tacto Gusto Sonido: Sybil Kapoor, escritora gastronómica británica y autora de A New Way to Cook, estudia cómo la comida estimula una serie de sensaciones. ``El tacto esponjoso de la piel del melocotón, el olor fresco de la albahaca, el golpe seco. En su libro, es esencial reconocer cómo la temperatura puede cambiar el sabor de los alimentos. Sugiere que el café helado no es tan amargo como el caliente, ya que responde más a los sabores amargos como el café caliente. Cheese Monger le dirá esto: Al menos una hora después de sacar la cuña de cheddar o la rueda de Camembert de la nevera, experimentará realmente las sutiles capas de sabor que ofrecen los distintos quesos. Se recomienda a los dulces, a los salados, a los frutos secos, a los lácteos, al césped, etc.

Incluso la forma en que se corta la comida tiene su sabor. Las lonchas gruesas de carne asada son carnosas y gomosas, mientras que las rebanadas de papel cortadas en granos de carne son más suaves. Del mismo modo, una fina loncha de pechuga de pavo de Acción de Gracias es seca, de papel y sin sabor, mientras que la pechuga entera se corta gruesa y en diagonal, lo que la hace jugosa y mantecosa. Al morder los trozos de queso parmesano, puedes centrarte en la textura granulada en lugar de los frutos secos salados.

Bastante de lo que contemplamos la discriminación es realmente el olor. Kapoor sugiere recoger hojas frescas de laurel, aplastarlas con la mano y sentir las hojas dañadas. Las inconfundibles esencias herbáceas recuerdan cómodamente a los platos de invierno y a las sopas abundantes. Sin embargo, cuando se prueban las hojas, se ve que son muy amargas y se sienten peor. Lo mismo ocurre con los extractos de vainilla. Huele a Dios, pero al beber un bocado resulta amargo y áspero. A mucha gente le gusta el olor del ajo machacado para salsas y otros platos, pero el sabor del ajo crudo es excitante y picante.

LA CONCIENCIA Y LA ESENCIA

Nuestro ADN individual tiene que ver con cómo percibimos y disfrutamos el sabor, pero la naturaleza no está totalmente controlada. La forma en que se nos presenta la comida en nuestras familias y comunidades, y los mensajes que recibimos sobre los alimentos que nos rodean también marcan la diferencia y superan nuestros prejuicios naturales. Al preparar los alimentos, los rituales de pelar, cortar, mezclar y saltear evocan una serie de recuerdos del hogar, la infancia, el romance, la diversión, las comidas y las reuniones. Las preferencias alimentarias y gustativas están estrechamente ligadas a la experiencia personal: la sensación, el sabor, el olor y el aspecto de los alimentos provocan asociaciones emocionales fuertes y significativas. He visto esto en términos de cómo la forma, la delgadez, la claridad y la calidad de las copas de vino afectan al sabor del vino.

CULTURA Y REFINAMIENTO

Nuestros gustos siguen evolucionando, en parte, gracias a la introducción de nuevos alimentos y sabores multiculturales. A medida que el mundo está más conectado, y la gente viaja y se desplaza con más comodidad, han aumentado las preferencias de sabores que antes se consideraban locales, y ha crecido la demanda de nuevos perfiles de sabor. Según Cristle Kuhurst, consultor de la industria alimentaria internacional para una clínica de marketing con sede en el Reino Unido, muchos países mantienen una cultura alimentaria muy fuerte, pero también están influidos por influencias externas.

Esto no es sorprendente para ninguno de nosotros. Pruebe a comer platos nacionales y regionales. Se puede ver que hay mucho debate académico sobre dónde empezó. "¿Nace la pizza en Nápoles cuando los antiguos griegos y egipcios comían todos los ingredientes sin pan que conocemos? Todos los platos están disponibles con alimentos locales. Es una fusión de géneros, influencias externas y evolución histórica, y esta evolución continúa hoy en día: influencias culturales como el cine, la moda y los mensajes de salud afectan a lo que comemos. Está evolucionando, no se está haciendo. Todos formamos parte de esta evolución", dice Lukehurst.

Esta evolución explica que los adolescentes italianos modernos prefieran la cerveza de estilo americano al vino italiano. El vino tiene fuertes raíces italianas y rara vez desaparece del menú italiano. Sin embargo, las elecciones de los adolescentes italianos están influidas por influencias culturales como la cultura pop estadounidense, dice Lukehurst. Tú. Los adolescentes italianos beben cada vez más cerveza en situaciones en las que sus padres bebían vino o agua. A medida que crecía la demanda de cerveza de estilo americano en Italia, las empresas cerveceras empezaron a moverse para satisfacerla. "Puede ser justo decir que [los fabricantes de cerveza] persiguen activamente el mercado de los adolescentes, pero sin duda satisfará la demanda". Sin embargo, en muchos países europeos, la Generación Z bebe menos alcohol, como cerveza y vino, que el conjunto de los padres. "No han adquirido las preferencias por el alcohol en la adolescencia y la veintena, y no sienten las mismas necesidades que las generaciones anteriores", dice Lukehurst.

En China, el café, que antes era una bebida casi totalmente diferente, representa ahora un mercado competitivo en rápido crecimiento. Las empresas nacionales también participan activamente en las grandes potencias estadounidenses, como Starbucks. Del mismo modo, a medida que los métodos de producción de China se han vuelto más sofisticados y las preferencias de los consumidores se han ampliado, el antiguo mercado chino de patatas fritas ha crecido exponencialmente en las últimas dos décadas. Un actor importante del mercado chino de patatas fritas es conocido por desarrollar patatas fritas de sabor inusual con un toque regional (New England Lobster Roll, Cajun Spice, etc.). Nosotros hacemos lo mismo en China, añadiendo un sabor popular a las patatas fritas. El durián es una fruta verde y espinosa del sudeste asiático.

En Estados Unidos, las tendencias alimentarias más cruciales para los restaurantes en 2018 son los sabores africanos y peruanos, las hierbas raras como el probate y el bálsamo de limón, los alimentos étnicos para el desayuno, como los huevos revueltos con chorizo y las tortitas de leche de coco, el sambal, la salsa picante indonesia y el jag, la salsa de cilantro de Yemen. Por supuesto, los productores de alimentos cambiarán el perfil de sabor de estos y otros alimentos étnicos para hacerlos más deliciosos o accesibles en mercados culturalmente diferentes. Fuimos a Roma, y sabemos la diferencia entre la salsa para pasta que compramos en la ciudad y la salsa roja para espaguetis que pedimos en una pizzería italoamericana. La comida que se compra en las calles de Shanghai es muy diferente de la que se encuentra en un bufé chino o en una comida para llevar en el medio oeste de Estados Unidos. Sin embargo, aunque estos alimentos carezcan de la fiabilidad del sabor, la textura y la apariencia, hay suficientes marcadores o códigos que pueden identificarse por inclinación y un perfil de sabor reconocible.

VOLVER A LA NATURALEZA

La información y la educación también crean nuevos deseos de sabores y alimentos diferentes. Por ejemplo, la demanda de los consumidores de alimentos locales más naturales y orgánicos, es decir, que pasen de las granjas a las mesas, ha llevado a una mejor comprensión del impacto de los alimentos industriales en nuestros cuerpos y se ha comercializado como "natural". Lo que realmente se saborea, se ve y se siente es natural.

La forma en que se procesan los alimentos afecta a los sabores que deseamos. Los alimentos auténticos o "enteros" contienen distintas cantidades de proteínas, grasas, fibra, agua y carbohidratos (aunque los productos animales no procesados no tienen carbohidratos). Al procesar los alimentos, estos ingredientes se modifican o cambian de alguna manera: se concentran, aumentan o disminuyen. Los alimentos preparados con azúcar y sal añadidos son adictivos, y los fabricantes de alimentos lo saben. Han encontrado una forma de eludir los reguladores corporales que nos indican cuándo estamos llenos y dejamos de comer, y en su lugar aumentan nuestro deseo de consumir principalmente alimentos azucarados y salados. Esto ha cambiado la forma en que interactuamos y respondemos a los sabores. Muchos de nosotros (recordemos que la mayoría no somos "supergustadores") necesitamos más bien un sabor azucarado y salado para satisfacer nuestros deseos. Y a menudo no quedamos satisfechos hasta que comemos varias "raciones" de un determinado alimento, el resultado de la manipulación de los alimentos y el sabor.

Como ahora se escribe mucho sobre la cantidad de azúcar y sal que se añade a los alimentos procesados, los consumidores se han dado cuenta de que estos añadidos manipulan la comida que les apetece, y dicen que no les gusta. Pero también funciona: el dulzor de los alimentos ha aumentado mientras que otros sabores, como el amargo, casi han desaparecido. Redescubrir sabores como el amargor (Campari con hielo, ensalada de rúcula, rapini salteado) es otra forma de despertar nuestros sentidos y ampliar la percepción (y la apreciación) de varios sabores. Todas las formas en que experimentamos la comida y el sabor, incluidas las suposiciones sobre lo que comemos, el sabor y la forma en que respondemos a la experiencia, se basan en todo lo que acabo de comentar y en otros factores. El estado de ánimo, el clima, el lugar en el que se tiene hambre y con quién se está. En el método de desarrollo del gusto se incluyen varias circunstancias, por lo que hay que asegurarse de reconocer los factores más críticos.

AMABLE: HACER EL BIEN MIENTRAS SE MERIENDA

La historia de Daniel Lubetzky, fundador de los aperitivos de frutas y frutos secos "Kind", es informativa. Lubetzky, hijo de supervivientes del Holocausto, fundó Kind en 2004 para ser más amable con el mundo en forma de aperitivos saludables. La empresa ha proliferado. De los aproximadamente 2.000 productos de la categoría de barritas nutricionales, seis de los diez productos más vendidos son barritas tipo. De hecho, Kind se ha convertido en la marca de barritas energéticas y nutritivas de mayor crecimiento en Estados Unidos. En 2017, Mars, la mayor empresa de snacks del mundo, invirtió en Kind y valoró la empresa en 4.000 millones de dólares.

El éxito de Kind se basa en parte en la misión original de Lubetzky de difundir la bondad. Este concepto no sólo diferencia a su marca de los competidores tradicionales, sino que también sensibiliza y suscita un diálogo significativo con los consumidores. Una de las estrategias fue distribuir tarjetas de plástico a los empleados de la empresa para premiar los actos amables. Si veían a alguien realizando un acto amable, como abandonar un asiento en el metro o ayudar a los ancianos a cruzar la calle, entregaban la tarjeta a un delincuente. A continuación, Kind envía a los buenos samaritanos dos barritas Kind y otra tarjeta para que cuenten su amabilidad a otra persona. Denominada "sin ánimo de lucro", la empresa promete miles de dólares para proyectos generados por los clientes que revierten en la comunidad. Sin embargo, Kind se está diferenciando más allá de los mensajes y tácticas de marketing. El envase está diseñado para obtener la máxima claridad, con un envoltorio transparente, para que los consumidores puedan ver los ingredientes esenciales de los frutos secos e imaginar fácilmente el sabor y la textura de cada barrita antes de masticarla.

Las variedades también podían aprovechar los cambios en los hábitos alimenticios de los estadounidenses. No era sólo la suerte de la marca. La idea era utilizar la estética para aumentar la sensibilidad de los clientes. Durante los años 90 y principios de los 2000, las barritas energéticas y nutritivas se consideraban una compra especializada y se vendían mucho a deportistas y personas que hacían dieta. En la actualidad, los clientes más habituales buscan aperitivos saludables y cómodos, hechos con materiales reales y mínimos, transparentes y etiquetados sin el uso de muchos conservantes. Aproximadamente 27 millones de estadounidenses consumieron la barra saludable en 2013 creando productos con ingredientes naturales y creando envases y mensajes que realzan su estética. No creo que Kind Bar sea mucho más saludable que cualquier otra barrita: tiene mucho azúcar. Pero de alguna manera están ligadas a palabras que reflejan salud pura y general.

EJERCICIO ESTÉTICO: EL ARTE Y LA CIENCIA DE LA PERCEPCIÓN

Es posible entrenarse para ser más conscientes de lo que comemos o experimentamos de forma más amplia, y de cómo nos sentimos con esas sensaciones y por qué. Cuanto más te enfrasques en la experiencia, más crítico serás con los factores clave que hacen que tu experiencia alimentaria sea mejor o peor. Puede que comas fuera de casa bastante a menudo, pero ¿con qué frecuencia prestas atención a todos los detalles? En una clase de Harvard, un profesor asignó a los alumnos una reseña sobre un restaurante seleccionado y explicó la experiencia gastronómica para que los lectores que nunca habían comido en él pudieran experimentar una comida en ese restaurante. Les animaron a centrar sus evaluaciones en los elementos más precisos y más destacables con la mayor claridad posible. Sus alumnos aprendieron lo mucho que notaron durante la experiencia gastronómica, lo acertado que fue el local en concreto (y lo erróneo), y cómo los estímulos no gustativos (calidad de la iluminación, ventilación, sonido, etc.) sorprendieron la percepción de la comida.

CAPÍTULO 6

INTERPRETACIÓN (Y REINTERPRETACIÓN) DEL ESTILO PERSONAL

En el capítulo anterior, hablamos del gusto en el contexto de la comida y el sabor. Pero la estética es la gratitud para todos los sentidos, y la inteligencia estética es comprender cómo y por qué una sensación provoca ciertas emociones, emociones deliciosas, a través de todas las formas de estimulación. En este capítulo, queremos aprender sobre las cosas personales y hablar de cómo empezar el proceso cultivando y expresando la propia estética, según la apariencia y el estilo, individualmente qué y cómo vestir.

Al fin y al cabo, el buen gusto viene de dentro, y lo que llamamos las "4 C": claridad, coherencia, creatividad y confianza muestran el estilo adecuado. ¿Muestra tu aspecto un sentido claro de quién eres, de lo que te importa y de cómo tu yo interior está conectado con tu persona exterior? ¿Los demás te asocian con algunos marcadores o "códigos" de estilo o de moda coherentes, de acuerdo con las conversaciones previas sobre la marca? La creatividad se encuentra en la singularidad del código. ¿Son marcadores identificables? ¿Y su sistema más sólido es único, original y memorable? Trabajar para conseguir estas Cs no sólo ayudará a fortalecer su imagen, sino que también creará un valioso conjunto de habilidades para crear interés comercial.

Mucha gente considera la "moda" como algo frívolo o generoso. A menudo se considera que saber qué ponerse es un "problema del primer mundo" y parece que se pasa por alto a quienes no pueden permitirse invertir mucho dinero en el armario. Las personas más a la moda no son las que tienen dinero. En cierto modo, la riqueza extrema reduce la capacidad de editar las elecciones, hacer concesiones reflexivas y mantener la disciplina. Estos son los tres elementos esenciales del estilo correcto. Lo que nos preocupa del estilo es la idea errónea de que nos limitamos a grupos sociales específicos -por ejemplo, un fashionista veinteañero que vive en una zona cosmopolita-. Nos fijamos en personas de todos los segmentos socioeconómicos y de todas las culturas, jóvenes y mayores, hombres y mujeres que se interesan por su aspecto y se presentan de forma única y emocionante.

Los seres humanos tienen un impulso intrínseco de decorarse de alguna manera, desde tatuajes y piercings hasta joyas y telas de colores. Lo hacemos no sólo para complacernos a nosotros mismos, sino también para llamar la atención de los demás. Las decoraciones de todo tipo nos diferencian, expresan nuestras ideas de belleza a través de los seres humanos y simbolizan la necesidad de afirmar nuestro estatus y lo que pretendemos. Su historia es larga. En 2004 se desenterraron cuentas de concha en cuatro yacimientos de Marruecos. Estos yacimientos parecen confirmar que los primeros humanos llevaban joyas simbólicas hace ya 80.000 años. Estas cuentas se sumaron a descubrimientos arqueológicos similares de hace 110.000 años en Argelia, Marruecos, Israel y Sudáfrica, lo que confirma que se trata de las formas más antiguas de adornos personales, y de adornos propios heredados. Esto demuestra que existe una tradición común a través de la cultura durante miles de años.

SINTONIZACIÓN DE LA INTELIGENCIA DENTRO DEL ESTILO

La sintonía con otra persona se produce cuando puedes comunicarte sin decir una palabra y aun así te entienden por las expresiones faciales, los parpadeos o el levantamiento de cejas. Mientras posamos en las clases de yoga, hacemos footing en el parque y ojeamos en la librería, cuando nos implicamos plenamente, nos centramos en lo que estamos haciendo en ese momento. Estamos adaptados a esas experiencias. En la comida, la sintonía es la capacidad de identificar las capas de sabor de un plato y evaluar cómo el vino que se bebe afecta al sabor de la comida y al ambiente que la rodea (iluminación, configuración de la mesa, música, etc.). -Afecta a la experiencia gastronómica en general. En el estilo personal y la moda, la sintonía proviene de prestar atención a cómo te hacen sentir los diferentes métodos, como el color, la tela y el ajuste.

Hoy en día se habla a menudo de "en el momento" o "plenamente consciente" y se explica la sintonía. Por ejemplo, si estás tumbado en la playa en un caluroso día de verano, puedes sentir el calor del sol en tu piel y la arena áspera en tus pies. También puede sentir el olor de la sal del mar en el aire. La mayoría de la gente experimenta estas sensaciones con placer, pero algunas de las experiencias asociadas -como la sensación de un bañador húmedo y apretado o un mordisco de agua de mar descuidada- no son nada cómodas. Cuanto más te acostumbres al entorno físico y a sus sensaciones, a cómo afectan a tu cuerpo y a cómo te sientes con sus efectos, más fuerte será la base para desarrollar la IA.

Como ocurre con gran parte de la IA, nuestro cuerpo es mejor guía que nuestra mente a la hora de ver los efectos de todas estas sensaciones. El tabaco que gotea de los labios o que se pellizca entre dos dedos era en realidad una declaración de moda. La mayoría de la gente no disfruta de su primera experiencia con el cigarrillo. La diferencia entre los adictos y yo es que aguantan y acaban desarrollando toda una serie de respuestas emocionales a las mismas sensaciones físicas. En última instancia, ansían el hábito de fumar y la adicción a la nicotina.

La aplicación de la sintonía con el estilo personal y la "moda" suele comenzar con un profundo conocimiento de su cuerpo. ¿Cómo quieres que se vea tu ropa en tu organización? Puede determinar la forma y la silueta de su elección. También puede indicar un color o un estampado concreto (o la falta de él). ¿Cómo quiere que su ropa se sienta en su cuerpo? Puede guiarte en la elección de materiales, texturas y ajustes. Las personas han pasado por sus etapas de moda en busca de un estilo personal, pero todas han contribuido en alguna medida a que finalmente aterricemos.

CÓDIGOS DE VESTIMENTA

Existen códigos de vestimenta en casi todas las situaciones. Las oficinas tienen códigos de vestimenta (a veces institucionalizados a través del Manual del Empleado), las fiestas informales y formales ("de etiqueta") tienen códigos de vestimenta, y las bodas y los funerales tienen códigos de vestimenta. A menudo, estos códigos se establecen en función de convenciones culturales o de la empatía del contexto. Por ejemplo, no se lleva un vestido de noche escotado en un funeral o un vestido blanco en una boda (a menos que seas una novia).

Los códigos de la moda funcionan de forma similar a los códigos de las marcas. La mayoría de nosotros llevamos trajes o versiones modernas de trajes (chaquetas, camisas, pantalones o faldas) en las oficinas corporativas, y los fines de semana llevamos ropa deportiva (camisetas o jerséis, pantalones de vestir), y lo que es pensar (colores amplificados), brillantes o destellos, más accesorios) cuando asistimos a un evento formal. Las diferentes formas de vestir se pueden dividir en dos grupos: uniformes y disfraces. Si miras a un hombre con traje, es obvio que está haciendo un trabajo administrativo. Podrías pensar en él como un "oficinista" o "gerente". Los uniformes se llevan todos los días y son consistentes y predecibles, incluso con diferentes colores de corbatas y zapatos. Los trajes sirven para mejorar los códigos de vestimenta establecidos externamente, pero en general, perjudican los sistemas personales y los estilos individuales.

Los conjuntos de fin de semana también tienden a caer en la categoría de uniformes. Lo que sea que hagas para hacer negocios un sábado por la mañana, no te resultará cómodo para llevarlo a la junta. Pero hay diferencias en la vestimenta de fin de semana: códigos reconocibles de estatus (más adelante se habla de esto) y de personalidad. Las personas que llevan polos de Brooks Brothers y caquis implican que son diferentes de las que llevan camisetas del grupo de rock and roll y vaqueros rotos procedentes de tiendas de ropa de segunda mano. El vestuario puede llevarse un sábado por la noche, pero puede cambiar radicalmente de vez en cuando, ya que los eventos individuales son nuestros ``momentos de pavo real" y muestran nuestra personalidad, deseos y talentos.

Romper el código de vestimenta es una forma de transmitir aspectos de su talento y personalidad. El arquitecto Peter Marino, que diseña la mayoría de las boutiques de Chanel, Louis Vuitton y Dior en todo el mundo, describe su trabajo diario como un "arquitecto del cuero". Si se le mira y no se sabe que es un respetado diseñador de interiores, gracias a su atuendo de cuero y a sus numerosos tatuajes, la escena de un bar de cuero de los años 80 en el lado oeste de Manhattan sería un antecedente de Ese es precisamente su método preferido. De hecho, se refiere a la perspectiva del "señuelo". Rompió el código de la mirada del arquitecto: sencilla, discreta y tradicional. Desde Frank Lloyd Wright hasta Frank Gehry, su código de vestimenta no ha cambiado básicamente.

CULTURA, ESTATUS Y ESTILO

Las preferencias personales no se desarrollan en el vacío. Algunas de ellas (y tanto las que no te gustan como las que te disgustan) provienen del entorno en el que has crecido, de lo que has observado durante tu crecimiento y desarrollo, de los retos a los que te enfrentas y de lo que necesitas resolver. Algunos aspectos del estilo provienen de la época en que vivimos, como la influencia de la tecnología y los medios de comunicación, y otros provienen de detalles geográficos. Si no se ajusta a su estilo, puede rechazar el impacto cultural del tiempo y el lugar. Los mejores métodos personales no siguen la tendencia y no les interesa estar "a la moda".

También sabemos que la ropa se ha utilizado durante mucho tiempo para diferenciar el estatus y el poder de las distintas personas y para mejorar la diferenciación de clases en muchas culturas del mundo. Antes de la democratización de la moda en las últimas décadas y de la transición a un aspecto más homogéneo e informal, la elección de la ropa como medio para saltarse la clase social. Si vienes del nivel más bajo y te has comprado un buen traje, puedes fingir que estás en una empresa profesional. Lo dice el infame (y actualmente rehabilitador) estafador Frank Abanale Jr., retratado por Leonardo DiCaprio en la película de 2002 "Atrápame si puedes".

A finales del siglo XIII, la representación de la riqueza a través de la ropa se hizo común en Europa, y los lugares de la vida humana podían identificarse fácilmente a partir de su vestimenta. La ropa significa origen, cultura, moral, riqueza y poder. Desde el siglo XIX hasta principios del XX, los pantalones de algodón, los petos y las camisetas se reservaban a los trabajadores, pero hoy en día los ricos se rasgan deliberadamente (y son muy caros). A menudo aparece en los pantalones vaqueros y en las camisetas de algodón caras y muy finas. Los forasteros que no están familiarizados con el código de la moda moderna pueden mirar esa ropa y no pensar en uno de los motores de la sociedad. Los tatuajes fueron en su día un estado de los residentes de la costa y un estado de los gánsteres de las motos. Son muy famosos entre las actrices, las madres futbolistas y los arquitectos que los han visto. Los tatuajes prohibidos, no ocultos, ocupan a menudo el centro de la alfombra roja como "accesorio" de atractivos vestidos de noche.

En la antigua China, el amarillo significaba el centro y la tierra, y sólo el emperador podía llevarlo. Las grandes capas de turbante y las prendas de tejidos caros y esenciales estaban reservadas a los nobles en África, gobernada por los hausas. En Japón, se contaban historias sobre el estatus social del portador, según el color, el tejido, el estilo, el tamaño y la dureza del kimono.

CÓMO MIRAR LA ROPA

Si te tomas en serio el desarrollo de tu estilo personal (o quieres mejorar o cambiar tu look actual), tienes que mirar tu ropa y probártela. Por favor, experiméntala con sensualidad. La diseñadora de moda Kay Unger dice: "Si lo llevas al vestuario, no tienes que comprarlo". El único requisito para probarse la ropa es llevar ropa interior adecuada. La ropa tiene un aspecto muy diferente en las perchas y en el cuerpo humano. Se ve muy diferente, incluso en un cuerpo humano, sin la ropa esencial para adaptarse a los contornos. El vestido estructurado requiere una base para colgar y ajustarse correctamente. "La mayor sugerencia es no tener miedo a salir de la caja", dice Unger. "Hay que encontrar la firma. Es un detalle claro y reconocible de tu estilo", dice. "Fue un broche para Madeleine Albright. Michelle Obama aceptó sin mangas, y el cinturón fue su maravillosa firma". La firma es un camino accesible hacia el estilo personal. Incluso si tienes que llevar un traje todos los días en el trabajo, los profesionales pueden firmar. "Lleva un traje colorido", dice Unger. "O si sientes que tienes que llevar un traje negro o azul oscuro, tienes que llevar blusas y camisas de colores.

CAPÍTULO 7

EL ARTE DE CURAR

> **RESTABLECER LA ARMONÍA Y EL EQUILIBRIO**

Curar es una de las palabras que la gente suele utilizar sin saber exactamente lo que significa. Al curar su negocio, no sólo elimina las cosas que no funcionan (y que distraen o perjudican), sino que también pone las cosas que funcionan cómodamente y con éxito. Curar o sanear no consiste únicamente en reducir o eliminar. También significa ensamblar lo que queda de forma divertida. En el contexto empresarial de la estética, la curación restablece la armonía y la belleza de un producto, servicio, campaña o diseño de una tienda. En este capítulo, veremos cómo influir en las elecciones que hacen los clientes, cómo la experiencia de dibujar en el espacio afecta a los resultados y, por último, cómo perfeccionar sus habilidades de curación, Explore el proceso de curación Un espacio personal único que refleje sus preferencias y valores de forma pura, utilizando un proceso que puede aplicarse a su negocio.

La marca italiana de ropa exterior Moncler fue fundada en 1952 por René Ramillon. El nombre deriva del origen de los Monestiers Clermont, un pueblo de los Alpes cerca de Grenoble. Los primeros productos incluían sacos de dormir acolchados y tiendas de campaña. La primera chaqueta de plumón o sudadera con capucha de la empresa se introdujo en 1954 y se ideó como una forma de proteger a los trabajadores de la fábrica del frío. El alpinista francés Lionel Terrey vio el potencial y ayudó a desarrollar su experiencia en la exploración. Ese mismo año, la chaqueta se utilizó cuando el equipo italiano escaló el K2. En 1968, Moncler fue utilizada por el equipo de esquí francés en los Juegos Olímpicos de Invierno de Grenoble. Eficaz contra las inclemencias del tiempo, el aspecto de la primera sudadera con capucha parecía una bolsa sin forma. A mediados de los años 90, la marca tenía problemas financieros y se veía superada por otras líneas exteriores destacadas, como la de alta gama Prada y la más asequible de gama deportiva North Face. La empresa estaba enferma y necesitaba tratamiento.

En 2003, la marca fue adquirida por el director creativo y empresario italiano Remorphini. Morphine procedía de una larga y famosa estirpe de fabricantes textiles y empresarios italianos. En aquel momento, la facturación de la empresa era de sólo unos 60 millones de dólares, una sangría de dinero. Bajo el liderazgo y la dirección de Rufini, la marca ha pasado de ser una simple chaqueta de plumón de ganso en caja a lo que los franceses llaman la doudoune chic (chaqueta chic), en italiano, il-piumino di Lusso (chaqueta de plumón de lujo). Lo hizo. En 2008, Carlyle Group, una empresa de capital privado, adquirió el 48% de la empresa y se convirtió en el mayor accionista. Como director general de Carlyle, se incorporó al consejo de administración de la empresa ese año (y permaneció en él hasta 2010). Su objetivo es ayudar a la empresa a entrar en Norteamérica y otros mercados no europeos.

En 2013, la empresa empezó a cotizar en la Bolsa de Milán. Carlyle vendió sus acciones a lo largo de los años, generando uno de los mayores rendimientos de sus fondos europeos. En la actualidad, Moncler emplea a más de 1.000 trabajadores y genera cerca de 2.000 millones de dólares anuales. También es la primera marca de ropa exterior que demuestra autoridad en la moda.

¿Cómo utilizó Rufini la estética para curar la empresa? Mantuvo la calidad de los acabados y los detalles. Sin embargo, modernizó el estilo del producto e incorporó componentes de alta tecnología más modernos. También amplió la línea de productos (botas, sombreros, jerséis, etc.) sin dejar de lado su producto principal, Parker. Colaboraciones inesperadas con diseñadores de renombre como Thom Browne, Junya Watanabe y Giambattista Valli han añadido vitalidad y moda a la línea. Desfiles de moda celebrados en lugares inesperados (por ejemplo, modelos posando a lo largo de los andamios de la cabeza de mar de Chelsea, en Manhattan, flash mobs de modelos en la Grand Central Station, patinadores sobre hielo alrededor de la pista Walman Rink, en Central Park) han traído consigo una extraordinaria cobertura editorial y el posicionamiento de la colección como una marca de alta calidad pero de vanguardia. El despliegue de las tiendas minoristas (hoy en día, hay más de 200 ubicaciones significativas en todo el mundo) no se produjo de la noche a la mañana.

Varios libros abordan el tema de la "sobrecarga de selección", en la que los consumidores tardan demasiado en hacer, decidir y tomar decisiones. En el libro The Paradox of Choice (La paradoja de la elección), Barry Schwartz demuestra que demasiadas opciones son perjudiciales para el bienestar psicológico y emocional. Además, es más probable que los clientes abandonen el intento de elegir, lo que puede repercutir negativamente en los ingresos de su empresa. A menudo se sienten frustrados con su elección (y con la marca) si consiguen decidirse.

Del mismo modo, la profesora de la Columbia Business School Sina Eienger se centró en la investigación de formas de ayudar a los consumidores a elegir mejor. En muchos sentidos, sus recomendaciones reflejan el proceso de selección. Esto es especialmente cierto cuando se trata de una selección excesiva. Uno de sus estudios analizó cómo la gente toma decisiones de ahorro para la jubilación, concretamente cómo el número de fondos del plan de jubilación afecta al potencial de ahorro futuro. Si sólo se ofrecían dos fondos en el plan, la tasa de participación era de aproximadamente el 75%. En el plan de 50 fondos, la participación descendía a cerca del 60%. Cuantas más opciones, más probable es que la gente renuncie a decidirse por una y ponga todo el dinero en una cuenta del mercado monetario, descubrió Iyengar. Esta no es una decisión inteligente en términos de seguridad financiera futura.

Como ocurre con la mayoría de las habilidades, es necesario practicar la curación para adquirirla realmente. Sin una práctica real, probablemente no podrás conseguirlo. Se puede aprender mucho sobre la curación y las historias estéticas convincentes a través del proceso de diseño de interiores o de cómo componer un espacio basándose en las preferencias y necesidades personales. Incluso quienes organizan opciones de planes de jubilación para sus empleados pueden beneficiarse de ello. El poder de la inteligencia estética es más evidente en los productos y servicios de consumo, pero también puede ser un diferenciador importante para las empresas de servicios profesionales.

LA CONSERVACIÓN, LA OPORTUNIDAD Y LA DESAPARICIÓN (Y EL RENACIMIENTO) DE LOS GRANDES ALMACENES

Los grandes almacenes siempre diseñan los espacios pensando en el cliente. Pero recientemente, la estética de los grandes almacenes tradicionales ha perdido su ventaja. Según la Oficina del Censo de Estados Unidos, los formatos de venta al por menor han disminuido durante décadas, con una cuota de ventas al por menor que ha pasado del 5,54% en 1998 al 1,58% en 2017, lo que hace que rediseñar la experiencia de compra sea un imperativo comercial. Los consumidores de hoy en día rara vez consideran la visita a unos grandes almacenes locales como una búsqueda del tesoro. No les interesa entretenerse y curiosear. No se permiten el lujo de descubrir y sorprender. Ahora quieren lo que quieren y no son muy tolerantes con las largas esperas y las noticias de que sus tallas están agotadas. La idea es conseguir lo que quieren y salir. El viejo modelo de curación y el servicio de atención al cliente tradicional son menos importantes. Los minoristas digitales como Amazon y Wayfair siguen desarrollando y perfeccionando algoritmos que priorizan la comodidad del consumidor y las opciones de compra predictivas, curando sus experiencias al igual que los departamentos de las tiendas físicas están bajo presión. Ofrecer a los clientes.

Afortunadamente, todavía hay una manera de que los grandes almacenes (y otras tiendas físicas) tengan éxito: proporcionando a los clientes una razón importante para entrar en el espacio físico, ofreciendo menos opciones pero mejores, etc. ¿Podrían animarles a gastar dinero? También tienen que dar una perspectiva más enérgica sobre quiénes son y para qué están (y a qué tipo de clientes quieren llegar). Presentar una perspectiva única no satisface a todo el mundo, pero no es el punto sino que resonará con los clientes más fieles. Los minoristas estéticos también tienen que ofrecer un servicio excepcional. Tienen que tomarse en serio el servicio e invertir en la contratación y el desarrollo de personal con conocimientos y experiencia. Todo esto surge de la intención y la necesidad de crear experiencias avanzadas profundas y envolventes que no pueden reproducirse fácilmente en otras tiendas y, desde luego, no pueden reproducirse en línea. Los minoristas offline deben encontrar formas de ser más ágiles y aportar frescura y sorpresa a los compradores. Para ello, hay que dar prioridad a las intervenciones curatoriales estructurales y a las métricas más significativas, como la duración, el compromiso y el recuerdo, y buscar las ventas más antiguas y exitosas, como las ventas por pie cuadrado, las tasas de conversión de las tiendas y las ventas medias por pedido. Necesita una sugerencia difícil de lanzar los indicadores-relación entre la experiencia en la tienda, las decisiones de compra, la satisfacción del producto y la tendencia a volver.

CURADURÍA DE EXPERIENCIAS

Cambiar los productos con frecuencia y reducir las opciones son dos estrategias prometedoras para el éxito del comercio minorista. Otra es crear un entorno encantador que proporcione entretenimiento e iluminación. Algunas tiendas favoritas fuera de línea son 10 Corso Como, Dover Street Market y ABC Carpet & Home. Las dos primeras tienen ubicaciones cuidadosamente seleccionadas en todo el mundo. La tercera tiene su sede en Nueva York. Cada una de ellas tiene éxito gracias a una cuidadosa selección. Venden muchas de las mismas categorías de productos y marcas que las grandes tiendas como Bloomingdale's y Barneys New York, pero las venden de una manera que hace que las compras sean divertidas, emocionantes, memorables y deseables. Además, en lugar de crear una enciclopedia como la de una tienda online o de ofrecer una oferta tan completa como la de unos grandes almacenes tradicionales, la curación de la oferta en función de sensibilidades específicas permite a los clientes elegir con mayor facilidad. No ofrecen todo a todo el mundo. Se centran en un tipo distinto de cliente y ofrecen sólo las mejores opciones.

Curiosamente, Bloomingdale en los años 80 y Barneys en los 90 ofrecían una experiencia de compra igualmente emocionante. Sin embargo, ninguna de las tiendas tenía mercancías exclusivas o expositores de lujo hace décadas. Al principio, no era posible mantener la calidad del "destino".

10 Corso Como tiene sedes en Milán, Seúl, Pekín, Shanghai y Nueva York. En 1990, la antigua editora de moda de Vogue Italia, Cala Sozzani, la calificó de ``historia virtual'', centrada en galerías de arte y librerías. Se ha establecido. Se siente como una revista que respira con vitalidad, con opciones editoriales identificables o curaduría en comida, moda, arte, música, estilo de vida y diseño. El comprador o visitante aprende, entiende y muestra los objetos en su contexto. Los clientes utilizan el producto de esta manera en casa. Se recomienda tocarlo, sostenerlo y probarlo. La selección de los productos ofrecidos también es única: internacional, a menudo artesanal y hecha a mano. No muestra los mismos que ofrecen otros grandes almacenes. No sólo es especial y agradable pasear por la tienda, sino que no puedes encontrar el mismo producto en Amazon usando tu smartphone. Evita el llamado efecto showroom que ha perjudicado a los minoristas tradicionales en los últimos años. Además, toda esta sorpresa estética se consigue en unos

25.000 pies cuadrados. Esto supone un 20% del tamaño típico de los grandes almacenes.

Dover Street Market también presenta marcas e ideas en forma de relato. La exposición es viva y original. Cuentan historias sobre los productos, sus diseñadores y los clientes potenciales. El fundador Kawakubo Re dijo a los periodistas. "Queremos crear una especie de mercado en el que se reúnan creadores de diferentes ámbitos y se encuentren en un ambiente bonito y caótico. Una visión personal".

En una zona de la tienda de Londres, los sombreros están sobre una pila de sillas de banquete que se superponen unas a otras, creando un efecto casi de madera, como una escultura. Se saca una tapa de una de las "ramas" de la silla para probársela. La Nike Shop, una tienda dentro de la tienda, está organizada y expuesta de forma única. Por supuesto, se puede comprar la ropa de entrenamiento de Nike en línea, pero con el ingenio de Dover Street Market, los clientes podrán comprar en el momento. Ir de compras en Nike es aún más experiencial, ya que puede funcionar como un espacio para eventos.

Dover Street Market rompe muchas reglas locales de exposición. Se aleja de la forma tradicional de cargar un sombrero en una pila de sillas al azar o de los pasillos formados por los percheros que son omnipresentes en la mayoría de los departamentos, combinando una variedad de artículos apilados y suspendidos. Las tiendas utilizan muchas estrategias de exposición inesperadas, como la creación de pasillos mediante estructuras de exposición. El resultado es una experiencia de exploración única combinada con un conjunto de productos únicos que reflejan tanto la estética de la tienda como las aspiraciones del cliente y el ansia de novedad y sorpresa por la comodidad y la compra "sin fricciones".

TODO ES PERSONAL

El proceso de curaduría de su espacio personal le ayudará a prepararse para tomar mejores decisiones de curaduría en su negocio. Como todos los músculos, las habilidades de comisariado se desarrollan con el ejercicio. Además, una vez que tengas un fuerte sentido del estilo personal -la claridad y la precisión de lo que te hace sentir bien y lo que te hace sentir inadecuado en tu vida-, podrás aplicar la comprensión y la identificación a tu negocio. Con la curaduría adecuada, puedes crear confianza con tus clientes.

A la hora de diseñar y gestionar un hogar, una oficina, un espacio comercial o un producto, hay que tener en cuenta a los usuarios. Como ya se ha dicho, cuanto más se entienda cómo se utiliza el espacio (o cómo se viste y se viste), más se podrá empatizar con los demás. En el diseño de interiores, hay que tener en cuenta quién ocupa el espacio y cómo lo utiliza. Cuando utilizas realmente un área, tienes que seleccionar los elementos de diseño y los objetos que colocas en el espacio. Colócalos. ¿Cómo te gusta vivir y sentirte en el espacio? No seas demasiado peligroso. Nada es tan desagradable como un espacio estrictamente tenso. El humor aporta un alivio barato. Ayuda a relajarse y a conectar. Es una parte esencial de la transmisión de muchos tipos de mensajes, especialmente en los diseños sofisticados. Jonathan Adler construyó un negocio basado en esta idea, incorporando figuras caprichosas y motivos irónicos en sus productos.

EJERCICIO DE ESTÉTICA: TABLÓN DE ANUNCIOS

Como se ha sugerido anteriormente, los tableros de ideas son una herramienta útil para iniciar el proceso de selección. Se trata de un conjunto de imágenes, materiales, texturas, textos y otras señales visuales que pretenden captar un estilo, un concepto o una sensación y establecer la dirección creativa de un proyecto o una idea concretos. El mood board tiene tres poderes. (1) Hacer que se tomen decisiones y se hagan concesiones. Concretamente, qué elementos incluir en el tablero y cuáles no son igual de importantes. (2) Hay que estudiar y experimentar con la colocación relativa de los elementos en el tablero. Es decir, determinar cómo se combinan las piezas para formar una historia cohesionada y convincente. (3) Proporciona una plataforma que conecte los elementos visuales y de otro tipo con las emociones que intentas recordar.

El primer paso en la curación es recoger siempre ideas e inspiración en forma de imágenes, palabras, texturas y materiales. Esto nos da una idea precisa de lo que nos gusta y de cómo los componentes interactúan para crear historias y mensajes. La edición, el segundo paso, suele ser mucho más difícil. Hay que decidir qué entradas se conservan o cuáles se omiten. El tercer paso está relacionado con la colocación. ¿Dónde encaja cada entrada, contextualmente, en relación con otros factores?

El poder del mood board reside en la forma de combinar todo, no sólo las imágenes que seleccionas. En lugar de basarte únicamente en fotos e imágenes de archivo, utiliza fotos antiguas para buscar texturas (cadenas de metal y eslabones de sisal, muestras de pintura, pequeñas losas de piedra, etc.). No te quedes atado a la consistencia. Busca el contraste y las dimensiones. ¿Cómo funcionan los opuestos entre sí? Cuando empiece a colocar uno junto a otro, es posible que descubra que necesita editarlo más. Se han eliminado algunas opciones y se han modificado y perfeccionado muchas ideas. Lo que hace que un mood board funcione es una edición meditada y una yuxtaposición significativa que cuente una buena historia, transmita un mensaje claro y suscite emociones fuertes.

CAPÍTULO 8

ARTICULAR EL ARTE

Supongamos que tiene un resultado que atrae varios sentidos. Uno de ellos es que esté bien diseñado y sea relevante para el propósito. Un producto adecuado que cumpla los criterios estéticos descritos en este punto (código robusto, activación multisensorial, curación inteligente) no debe quedarse en una estantería esperando a ser encontrado. Los clientes y las partes interesadas (miembros del equipo, proveedores) deben ver, sentir, experimentar y comprender rápida y fácilmente el código y otras formas de comunicación, apreciar intuitivamente sus beneficios y activos y gastar con entusiasmo. Esto se consigue mediante la articulación. La articulación, una de las habilidades críticas que facilitan la captación y la aceptación, articula y articula la estrategia estética y los ideales del producto (incluidos los beneficios) a través de las palabras, la narración y/u otras formas de comunicación-capacidad de transmitir. Las articulaciones se realizan mediante impresiones visuales, pero también mediante el marketing y la mensajería. Cada una tiene una sensación estética.

Como se ha señalado a lo largo de este libro, un buen diseño es fundamental para el éxito de cualquier producto o servicio. Sin embargo, la plantilla más común para la articulación, un "briefing de concepto", es tan importante como el propio producto o servicio. Este documento es una guía para que escritores, artistas visuales, diseñadores, comercializadores y otros planifiquen y produzcan un trabajo creativo sobre la curación de productos. Define los consumidores a los que se dirige y proporciona planos para llegar a ellos. Todas las partes deben entender los briefs creativos. El personal interno debe saber cómo utilizarlo, y los consumidores deben disfrutar del lenguaje del resumen: una guía "interna" con un propósito "externo".

El departamento de arte puede crear estos informes, pero a menudo la tarea se deja en manos del ejecutivo responsable del proceso, idealmente el director general. Los mejores líderes no delegan estas actividades en los espectadores. De hecho, invierten y están familiarizados con la dirección creativa de su empresa, al igual que con las funciones analíticas, financieras y operativas. Se cree que Steve Jobs valora la estética y el diseño de los productos de Apple tanto como las características y las estrategias de venta, pero su enfoque pragmático sigue considerándose atípico. Como he comentado aquí, la separación entre "mente empresarial" y "mente creativa" es más factible que nunca. Para ello, se prescribe que todos los especialistas, no sólo los "creativos", expliquen brevemente la estrategia estética del producto. En este capítulo, profundizaremos con algunos ejemplos de cómo algunos líderes han empezado a ajustar el negocio de la estética y el negocio de los beneficios.

EL VALOR DE LAS PALABRAS

La prioridad de la claridad estética es la especificidad. Es esencial para comunicar su propósito, dar sentido a su producto y evocar fuertes emociones positivas. Y los equipos pueden entender, duplicar, mejorar y ejecutar sus visiones. La especificidad no sólo garantiza la exactitud de la expresión, sino que crea una conexión más única, poderosa y memorable con el producto o servicio. Para ello, todas las palabras que se eligen para describir una marca o un producto son esenciales. La ambigüedad no es aceptable. Por ejemplo, palabras como bonito, sabroso y suave son adjetivos comunes, mientras que palabras como desgarbado, salado y gelatinoso representan la información de forma precisa y clara. Las palabras que elija deben recordar su experiencia con el producto (o servicio).

Tim Lomas, especialista en psicología positiva y lexicografía intercultural de la Universidad de East London, afirma que muchas palabras transmiten una experiencia emocional concreta en diferentes idiomas que no tienen equivalente en inglés. Cree que aprender este conocimiento mejorará la comprensión de los matices de la experiencia humana. Si es así, aprender nuevas formas de describir las experiencias humanas ayuda a precisarlas y relacionarlas con los productos.

Lomas dice que la primera vez que aprendió la palabra finlandesa sisu, que es una determinación excepcional ante la adversidad, se inspiró en la búsqueda de palabras que no tienen un equivalente nativo en inglés. Los finlandeses dicen que palabras inglesas como "grid" (rejilla), "patience" (paciencia) y "resilience" (resistencia) no justifican la profunda fuerza interior que transmite sisu cuando la utilizan los actores de doblaje. Otras palabras de la lista lexicográfica de Lomas son Arabic, estado de éxtasis inducido por la música. Yuan at (chino), sensación de logro perfecto y completo. Sukha (sánscrito), verdadera felicidad permanente, independientemente de su situación. Y anhelo, un fuerte deseo por otro ser, aunque no se pueda alcanzar. El sitio de Lomas contiene muchas otras palabras intraducibles.

Para cada palabra (o frase) que utilices, responde a las siguientes preguntas para determinar la opción correcta:

➢ **¿DESCRIBE SU PRODUCTO DE TAL MANERA QUE OTRA PERSONA SE IMAGINA LA MISMA IMAGEN QUE USTED?** ¿Es preciso? Por ejemplo, el tejido característico de Burberry no se llama "cuadros escoceses". Los tartanes de color marrón, negro y rojo se conocen como "cuadros del mercado del heno". KFC no dice que el pollo frito es "delicioso", sino que significa que "chuparse el dedo" es correcto. Además, el KFC original representa el pollo frito de Kentucky, no el pollo frito del sur. ¿Por qué es importante? El fundador Harland Sanders quería diferenciar su restaurante de todos sus competidores sureños. En aquella época, los productos de Kentucky eran exóticos y evocaban un estilo de hospitalidad sureño excepcional.

➢ **¿SON LAS PALABRAS "APROPIABLES"?** En otras palabras, ¿pueden identificarse rápida y exclusivamente con su producto? Por ejemplo, cuando se oye la frase "el lugar más feliz del mundo", se piensa en Disneylandia.

Cuando ve el eslogan "Just do it", piensa en Nike. Lo mismo ocurre con "hasta la última gota" de Maxwell House Coffee. Más potente aún que "poseer" la expresión es la capacidad de poseer las palabras. IBM ha sido históricamente dueña de la palabra PENSAR. Hoy en día, Google es "dueño" de la palabra búsqueda.

Una cuidadosa selección de palabras también promoverá la conveniencia (y la venta) de productos individuales. Por ejemplo, McDonald's no sólo vende hamburguesas tradicionales y sándwiches de desayuno. Vendo Big Mac y Egg McMuffins. Del mismo modo, los sabores de Ben & Jerry son sabores "apropiables", como cherry Garcia, chunky monkey, coffee toffee crunch, en lugar de la descripción general de chocolate, vainilla, fresa, etc. En cosmética, el colorete rosa melocotón más vendido de Narus se llama "orgasmo". Lanzado en 1999, este producto fue un éxito desde el principio. Decimos que las clientas se han enamorado del nombre tanto como del tono. El último perfume de Tom Ford no sólo es fabuloso, sino también jodidamente fabuloso. Se vende bien a 804 dólares por 250 ml. ¿Qué mujer en el mundo no querría ser tan considerada por su afecto?

Para establecer las palabras adecuadas para describir su empresa o producto, debe entender a su público. ¿Qué sienten antes de encontrarse con su producto? ¿Qué se dicen a sí mismos sobre la calidad que puede tener su producto y los beneficios que puede ofrecer? Describa la experiencia emocional que quiere proporcionar al producto. ¿Qué quiere que sientan los clientes al interactuar con su producto? ¿Qué quiere que recuerden?

➢ **¿EL LENGUAJE QUE QUIERE UTILIZAR ES CENTRAL O ACCESORIO PARA LA EXPERIENCIA QUE QUIERE PROPORCIONAR?**
En muchos casos, al escribir una disertación, los estudiantes escribían una descripción completa en la página, pero sólo valía la pena prestar atención a algunas de ellas. (Hay que tener en cuenta que tenía que puntuar más de 100 disertaciones, por lo que se sentía especialmente frustrado por los esfuerzos externos). La expresión estética no sólo es una comunicación precisa, sino también robusta y atractiva. Es una expresión típica y memorable. La expresión típica y el discurso comercial no promueven su caso.

Por ejemplo, considere que la mayoría de las compañías de cable son famosas por provocar emociones positivas a través de la comunicación. Por ejemplo, si visita el sitio web de Xfinity, verá referencias detalladas pero divertidas a los paquetes de suscripción basados en características como descargas en Mbps, recuento de canales y precios. Este sitio está lleno de datos, pero carece de voz y personalidad. La empresa parece ver a los clientes como compradores de servicios de máquinas, en lugar de personas reales que buscan opciones de entretenimiento. No es de extrañar que Comcast haya tenido históricamente la peor satisfacción de los clientes de cualquier empresa o agencia gubernamental estadounidense. En 2014, fue nombrada "La peor empresa de Estados Unidos" por The Consumerist, un blog de consumidores que ya está obsoleto. En 2016, Comcast pagó una multa de 2,3 millones de dólares para resolver una investigación federal sobre una reclamación que añadía cargos a las facturas de los clientes, incluyendo servicios no solicitados, cajas y grabadores de vídeo digital. 2017, J. D. Power y el sitio de noticias financieras 24/7 Wall Street han nombrado a Comcast la peor empresa de Estados Unidos.

> **¿MANTIENE SU PALABRA EL TONO GENERAL QUE QUIERE DAR A SU PRODUCTO Y A SU EMPRESA?** ¿Quiere realzar el valor de su empresa, no sólo los atributos y la estética de su producto? Considere el himno nacional del fabricante de neveras Yeti. Unos kilómetros más allá del último semáforo. Lo que hay es que usted está al lado del espíritu rebelde que apuesta por la verdad y va una milla más allá. Al igual que tú, creen que donde quieras estar, ningún lugar está demasiado lejos. " Estas palabras refuerzan la idea de que fabrican productos que pueden usarse a diario, que resisten las agresiones y las inclemencias del tiempo, y que cuidan de las personas con amplios límites físicos y emocionales. El tono coincide con la intención estética del producto.

¿POR QUÉ ESTÁS AQUÍ? LA ANÉCDOTA

La narración, más allá de las palabras individuales, define frases que incluyen la narración, la historia, las tradiciones de la empresa (y los mitos), los principios fundadores, las razones de la existencia y las instrucciones y consignas. Últimamente, la mayoría de los sitios web de empresas y productos tienen una sección "Acerca de". La gente quiere saber con quién está haciendo negocios. Para las empresas con una larga y dilatada herencia, como Tiffany y Chanel, la historia y la sabiduría popular son una parte esencial para contar historias, establecer la credibilidad y la confianza, y transmitir la información a la siguiente generación. Esa sería su madre o su abuela.

La relevancia también es importante para una marca establecida. Por eso el sitio web de Tiffany tiene una sección sobre sostenibilidad y prácticas mineras responsables. Se esté o no de acuerdo con la iniciativa de sostenibilidad, la empresa sigue siendo muy consciente de los problemas que rodean el abastecimiento y el procesamiento de los diamantes. En cambio, empresas como Sears / Kmart tienen mucho legado y han demostrado ser incapaces de comunicar relevancia a sus clientes. ¿Quién los echaría realmente de menos cuando Sears y Kumart desaparecieran por completo? Si no puedes demostrar por qué tu producto o empresa necesita existir, estás condenado a desaparecer. Además, poca gente se da cuenta o se preocupa cuando desaparecen.

Para las nuevas empresas, una narración convincente, sobre todo en el sector maduro, está remodelando lo que los consumidores quieren comprar y creando una demanda que antes no existía. Esto se consigue destacando las diferencias clave con respecto a los productos existentes, el valor superior sobre lo que hay disponible y los beneficios únicos que los consumidores no pueden obtener en ningún otro sitio. Por supuesto, una nueva empresa nos atraerá con la novedad y el juego, o con la tecnología y el estilo sofisticados. Esto es un tributo a su novedad. De este modo, la innovación puede presentarse como una ventaja (nueva y emocionante) en lugar de como algo negativo (nueva y no probada).

IMAGÍNATE ESTO

La apariencia es importante, sobre todo si las imágenes en miniatura que aparecen en la pantalla del ordenador son las primeras que se ven cuando el cliente se encuentra con el producto. Más que nunca, las imágenes y los envases que se eligen para realzar el producto, incluidas las ilustraciones y fotos reales, los logotipos, los envases y los materiales de marketing, deben reforzarse, duplicarse y ajustarse. El producto en sí, como las palabras y las imágenes, los tonos y las texturas, los estados de ánimo y las personalidades, tienen que funcionar a la perfección.

¿Las imágenes que selecciona reflejan la personalidad y la misión de su empresa? ¿Muestran las señales visuales y las imágenes creatividad, se sienten auténticas y muestran lo que la marca espera? Además, toda la información visual debe resonar con el público objetivo. Si la diversión es una emoción fundamental asociada a su marca, ¿las imágenes transmiten esa emoción? ¿Son divertidos los colores utilizados? ¿Potencia el envase el carácter lúdico? Virgin es un buen ejemplo. Los logotipos como la firma de la empresa parecen un grafiti del fundador Richard Branson en una servilleta. Es su cara más atrevida, como la propia personalidad de Branson, audaz, rústica y, sí, divertida. Nickelodeon, una cadena de televisión, también se siente bien, gracias al tipo de letra en forma de globo sobre una salpicadura naranja. El naranja en sí mismo es un color divertido, y combinado con una forma juguetona, es realmente animado.

Las imágenes y las señales visuales también deben ser coherentes. De este modo, al igual que la palabra seleccionada, se identifica con su marca y se asocia a ella. Debe abarcar todos los puntos de contacto, incluidos los sitios web, los anuncios, los expositores de las tiendas y las publicaciones en las redes sociales.

ES UNA ENVOLTURA

El diseño de los envases tiene un impacto visual inmediato en los consumidores. En esencia, es una experiencia multisensorial. En un nuevo campo de investigación llamado " neurodiseño ", el envase se destaca de la multitud, cómo contribuye a la lealtad a la marca, y cómo los seres humanos pueden provocar ciertos comportamientos y emociones de los consumidores. Trata de entender qué puede utilizarse para el funcionamiento del cerebro.

Algunos de los productos más estéticos están envasados en recipientes de su propia belleza, separados del producto en sí, y animan a los consumidores a guardar y reutilizar o exponer el envase. Esto era cierto para un pequeño número de artículos, como los frascos de perfume y a veces las botellas de sake, pero ahora incluye cosas como los portavelas de cristal, los envases de maquillaje y los tomates en conserva. Cuando los productos originales están vacíos, cada uno de ellos puede ser utilizado para cualquier otra cosa, como almacenamiento o exposición. Por ejemplo, Natasha Roller, una organizadora de eventos de Virginia, ha hecho un pedido especial de tomates Bianco di

Napoli en Italia para utilizar latas atractivas y bien diseñadas como contenedores de flores.

El envase tiene que contar la historia, y tiene que hacerlo rápidamente. La primera impresión es esencial. Debe provocar una respuesta emocional positiva en los consumidores. Además, si hay productos vendidos por muchas otras empresas, compiten con ellos tanto por el espacio en las estanterías como por la atención. Un envase suficiente ayuda a transmitir las ventajas del producto, su valor y sus diferencias respecto a otras opciones en un mercado saturado. Sobre todo, puede suscitar y reforzar las emociones esenciales.

El color es esencial. Los estudios demuestran que casi el 90% de las decisiones rápidas que se toman sobre los productos se basan únicamente en el color. Aproximadamente el 80% de los consumidores cree que el color mejora el conocimiento de la marca. Algunos colores específicos, como el negro, evocan el dramatismo y se aplican a fondo a marcas de moda como Chanel y Gucci. El azul indica fiabilidad y lo utilizan eficazmente American Express y Ford Motor Company. Los verdes son "naturales" y rejuvenecen. Así lo demuestran los efectos en Starbucks y Whole Foods.

LA BELLEZA ARTICULADA

Los productos de belleza suelen estar a la vanguardia del diseño y el envasado. Al fin y al cabo, en el mundo del maquillaje, las cremas hidratantes y las máscaras de pestañas, la competencia es feroz y una marca concreta rara vez monopoliza los ingredientes y las fórmulas de los productos. Las empresas tienen que innovar continuamente tanto los productos como los envases para atraer la atención de los compradores de las tiendas, los editores de belleza y los consumidores. Las expresiones explícitas del producto son especialmente importantes, ya que los clientes de belleza tienden a ser fieles. Si se encuentra uno que funciona, no es fácil cambiar de marcha y probar algo nuevo que no funcione. Muchos clientes (sobre todo jóvenes) tienden a probar y sustituir los productos de belleza cada vez que cambian de camiseta, pero los defensores a largo plazo son los que más valor aportan a las empresas de cosméticos.

No es que estos jugadores estándar no prueben cosas nuevas. Siempre buscamos algo que funcione mejor, que huela mejor y que sea más divertido. Para que el producto sea original, hay que asegurarse de que merece la pena invertir en él para probarlo. Algunas marcas lo consiguen a través de muestras y probadores de productos en las tiendas. Otras se han ganado la atención y la confianza a través de otros activos, como las características y los materiales de alta calidad (es decir, cuero en lugar de plástico, cristal en lugar de vidrio y latón en lugar de metal). El aspecto y el estilo de las personas que trabajan detrás del mostrador. Mostrar limpieza, orden y coherencia.

En el caso de la marca de cuidado de la piel Philosophy, su introducción en el mercado fue inesperada y su éxito sorprendió al sector. Buscamos consumidores que no son el típico mercado objetivo de los adictos a la belleza y los fabricantes de productos de belleza. Cristina Carlino fundó Philosophy en 1996 después de desarrollar otra línea de cosméticos de éxito llamada Bio Medic, que se vendía en las consultas de médicos y cirujanos estéticos.

ARTICULAR LA EXPERIENCIA GASTRONÓMICA

Nix, el restaurante vegetariano de Nueva York, ofrece un banquete de dos plazas al estilo de las barandillas en la pared de enfrente del restaurante, o puedes sentarte en una larga mesa independiente de arce azul índigo detrás de la casa You. Las barras de corcho, las plantas verdes en maceta y las paredes escandinavas encaladas crean un ambiente veraniego incluso en medio de los miserables y fríos inviernos neoyorquinos. James Truman, que en su día dirigió revistas como Vogue, Glamor y GQ como redactor jefe de Condé Nast, es un gran innovador en el concepto de espacio y restaurante, que expresa con habilidad una estética chic y saludable al mismo tiempo. Una cálida bienvenida y un refrescante centro.

Antes de abrir el restaurante, Truman pensó durante meses con su chef, pionero de la cocina centrada en las verduras, John Fraser, y la arquitecta Elizabeth Roberts, que mezcló la estética moderna con los elementos de diseño tradicionales. Nada se le escapó al equipo. Se escrutaron los detalles del color de la lechada utilizada en el baño y el corte y ajuste del delantal del personal de pesas. "Como redactor, llegué al proceso de diseño pensando más en las historias, no en la pura estética. ¿Qué es un relato global, y las decisiones de diseño como una forma de establecer y mejorar esa historia? ", dice Truman.

"Algunas de las primeras conversaciones derriban la percepción de que los restaurantes vegetarianos/veganos no son divertidos, ni tienen citas, ni fiestas, sino que son adustos, un lugar sin placer. No había ninguna razón para que un restaurante vegetariano tuviera ese ambiente, excepto por su precedente histórico, que, lógicamente, era una especie de giro: ¿por qué no era necesario matar animales? ¿El restaurante parece un funeral y el asador una celebración? No tiene ningún sentido. "Tampoco quería que el restaurante tuviera una dirección llamada "Modelo Brooklyn". " Paredes y suelos de madera sin terminar, detalles campestres del siglo XIX, uniformes de los camareros sacados de una vieja película del Oeste.

"Era una declaración sobre los valores reales, no urbanos, de la granja a la mesa, pero estaba en todas partes y empezó a parecer una pose hipster poco después", señala. "Al mismo tiempo, llegó un nuevo modelo de cocina innovadora procedente de Escandinavia, cuyo diseño también mostraba los ingredientes, pero de forma muy reflexiva y arquitectónica". Curiosamente, Truman señala que esta repetición comparte el valor del diseño con el diseño japonés moderno. Cree que ésta será la estética de diseño dominante en los próximos años, especialmente en los restaurantes pequeños. "Las salas grandes están diseñadas pensando en la brasserie francesa y en Las Vegas".

TRANSPORTE ARTICULADO

Vespa Scooter, J. D. Obtiene un 72,1% en los 24 vehículos considerados en el Premio Anual al Valor de Reventa de Power. Es decir, a excepción de los vehículos raros y de colección, la Vespa Scooter es más valiosa que cualquier otro vehículo en la carretera. Esto es sorprendente dado que no van muy rápido y ni siquiera tienen los caballos de fuerza de una motocicleta Harley o Honda. El éxito de Vespa puede deberse a su singularidad. "Vespa es una marca de lujo", dice Chelsea Rammers, fundadora de Moto Richmond, Virginia, que vende scooters y motocicletas de Vespa y otras marcas. "La mayoría de las marcas de lujo tienen competencia. Vespa no tiene competencia".

Esto no es del todo cierto. Otras motos de lujo fabricadas por Honda y Yamaha son más baratas y superan a la Vespa en Estados Unidos. La nueva Vespa esencial, la Primavera, cuesta unos 3.800 dólares y no incluye los impuestos ni las tasas del concesionario. El modelo más caro, la 946 RED, cuesta 10.500 dólares, pero parte de ese coste se destina a una organización benéfica (RED) fundada por el cantante de U2, Bono, para luchar contra el VIH y el sida en África.

Sin embargo, ningún otro scooter tiene el mismo prestigio, reputación o historia que la Vespa. Si miras las películas italianas desde los años 50, verás que el personaje va montado en una Vespa. De hecho, cuando vayas a Roma y a otras ciudades italianas, verás una hilera de Vespas perfectamente aparcadas junto a la acera. No sólo son bonitas, sino también muy funcionales para maniobrar en las estrechas calles de la ciudad. Este uso, tanto en la cultura popular como en la vida real, ha provocado un desconocimiento colectivo. Vespa implica libertad, urbanidad, sofisticación, estilo y diversión.

Parte del atractivo de un scooter es su atractivo diseño, que básicamente no cambia. Su aspecto es casi idéntico al de siempre. El modelo de 1946 era aerodinámico, y los scooters actuales tienen un aspecto un poco retro pero no parecen kitsch ni anticuados. También es de metal, pero hace tiempo que los competidores han sustituido los materiales caros por piezas de plástico más baratas. Son, sencillamente, objetos bonitos y duran mucho tiempo. La estructura de la Vespa tiene lo que se llama un chasis monocasco. Esto significa que la carrocería es un marco. La mayoría de los demás scooters tienen un panel de carrocería separado unido al bastidor. Esta estructura es ligera y rígida. El resultado es una conducción muy suave, una cualidad muy atractiva, especialmente cuando se navega por el asfalto urbano y los adoquines.

¿QUIÉN SE BENEFICIA?

Más allá de reivindicar el valor del buen diseño, pedimos consideraciones más severas y debates sobre a quién vamos a satisfacer e inspirar con nuestros productos. Las preocupaciones éticas están claramente relacionadas. Como los consumidores quieren saber, tiene sentido pensar detenidamente en lo que hacemos y en cómo podemos comunicarlo. Y se sienten frustrados por las empresas que no se preocupan por ellos. Según una encuesta de la compañía de seguros Aflac, alrededor del 92% de los millennials dicen que son más propensos a comprar productos de empresas éticas. Parte del compromiso moral de la marca con los consumidores (y el planeta) consiste en comunicar cómo los productos pueden ayudar tanto a lo "mejor" (razones medioambientales u otras razones sociales) como al comprador. Este enfoque es cada vez más importante a medida que pasamos del consumismo a la sociedad de consumo.

El consumismo comenzó después de la Segunda Guerra Mundial y de nuestra situación económica, ya que la principal actividad económica del ciudadano medio en los años 70 pasó de ser el ahorro y la fruta a gastar en bienes y servicios y en el sombrero. Como se mencionaba al principio de este libro, el consumismo como estilo de vida ha ido decayendo poco a poco tras décadas de dominio constante. En muchos círculos se perciben dudas y luces. La popularidad del movimiento minimalista es un indicador de la economía compartida y del crecimiento de las empresas basadas en la experiencia como respuesta al deseo de la gente de crear momentos y recuerdos para toda la vida. Damos la bienvenida a esta transición. Tenemos demasiadas cosas, y muchas de las que nos faltan tienen significado, durabilidad y arte.

CAPÍTULO 9

EL FUTURO DE LA ESTÉTICA

Parece que cada vez vivimos más en dos mundos. El otro busca las interacciones centradas en el ser humano, las conexiones emocionales y las experiencias desarrolladas especialmente para nosotros como individuos. Es posible que los servicios y la presencia digitales sustituyan pronto a mi mecánico de coches, mi contable y mi mensajero, pero mi peluquero, mi masajista y mi diseñador de interiores desaparecerán definitivamente (al menos durante mucho tiempo). Esta subdivisión afecta a la estética, y la estética evoluciona. El cambio cultural y demográfico sigue influyendo, naturalmente, en lo que nos parece bello y en lo que rechazamos como poco atractivo e indeseable. Como hemos visto en el auge de las redes sociales, la actividad humana sigue centrándose en lo que yo llamo REM: relaciones, experiencias y recuerdos.

El deseo de conectarse íntima, honesta y personalmente con los demás ha rechazado alguna forma de medios sociales y ha señalado un nuevo camino de los millennials y otros que han sido marcados por la inmigración de las llamadas ciudades superestrella. De Nueva York y Los Ángeles a pequeños pueblos que podrían dar lugar a la construcción de comunidades. "Hemos visto grandes brotes de ciudades en los últimos años", dijo Stephen Pedigo, especialista en negocios y desarrollo urbano, director del Instituto Shack de Bienes Raíces de la Universidad de Nueva York. "El lugar contiene ideas sobre lo que la gente de las comunidades urbanas quiere, y las comunidades pequeñas y suburbanas están intentando hacerlo de nuevo".

Esta migración puede estar impulsada por los avances de la economía (las áreas metropolitanas son caras para vivir) y las tecnologías que permiten a la gente trabajar fuera del área metropolitana, pero no a muchos. Las ciudades pequeñas prosperan por razones creativas impulsadas por el ser humano. La estética, no la automatización, seguirá apoyando e impulsando el crecimiento de estas comunidades creativas. Esto significa que la gente en todas partes, no sólo en el corazón de las grandes ciudades, encuentra y espera un alto nivel de estética de los bienes y servicios que quiere y necesita. Si no los encuentras, fabrícalos. Muchos empresarios iniciarán negocios con un valor estético pleno y claro. A medida que las empresas existentes puedan desarrollar la inteligencia y las habilidades artísticas de sus empleados, más y más personas podrán ofrecer la experiencia holística y humana que quieren, esperan y exigen.

LA CRISIS MEDIOAMBIENTAL

Los consumidores son conscientes de que ya no pueden conformarse con el medio ambiente. Una forma de ejercer la responsabilidad medioambiental es prestar atención a los productos que compran. Utilizar el poder económico para impulsar el cambio y hacer que el mundo sea mejor o, al menos, menos tóxico. Un estudio realizado por Cone / Porter Novelli sobre la responsabilidad social de las empresas (RSE) muestra que los consumidores se interesan por la fabricación de sus productos.

De todos los grupos encuestados, los millennials son los que más recurren al boca a boca y a las redes sociales para compartir información sobre las empresas que consideran ambiental y socialmente responsables. A medida que los millennials se convierten en grupos empresariales cada vez más dominantes, las empresas deben prepararse para asegurar, promover y apoyar su impacto medioambiental. Y puesto que los millennials son escépticos ante las afirmaciones extrañas, tienen que ser tan fiables.

La estética puede desempeñar un papel vital en esta iniciativa creando una historia clara e inequívoca sobre las políticas y prácticas de la empresa para la fabricación ecológica, incluido el uso innovador de envases reciclables o reutilizables. Nestlé, un gigante internacional de la alimentación, anunció en abril de 2018 que todos los envases serían reciclables o reutilizables para 2025. Walmart y Werner & Mertz han hecho promesas similares. Organic Valley Packaging, un productor de leche, ya es reciclable (o reutilizable). Patagonia, empresa de ropa deportiva, se autodenomina "activista" y está especializada en ayudar al medio ambiente. Creemos que la séptima generación de fabricantes de electrodomésticos tiene una misión social y medioambiental similar. Es de esperar que haya más artículos artesanales en respuesta al interés de los consumidores por más actividades sociales y ecológicas, más esfuerzos de sostenibilidad y productos con menos impacto ambiental. Esto promoverá una experiencia más táctil.

LA EXPANSIÓN DIGITAL Y LA EXPERIENCIA TÁCTIL

Expansión y difusión de la informática avanzada y los dispositivos "inteligentes". Aumento de la automatización en la mayoría de los ámbitos del automóvil, el hogar y la mano de obra. El abaratamiento y la rapidez de acceso a todos los datos es el resultado de una tendencia de más de 40 años. Algunas personas dan la bienvenida a las experiencias y productos de alta tecnología, y otras la rechazan y dan un nuevo giro al concepto de "brecha digital". No estamos en el mundo de lo que tenemos y lo que no, sino en el de lo que queremos y lo que no.

La automatización sustituye puestos de trabajo en muchos ámbitos, como las granjas, la comida rápida, la conducción y el trabajo de oficina. Sin embargo, se están creando nuevos puestos en industrias que requieren creatividad, originalidad y un toque humano (literalmente de higo a higo). Por eso la inteligencia estética, como el arte, la ciencia y la estrategia empresarial, es tan esencial para el futuro del trabajo. Si no tienes habilidades artísticas, tanto el mundo digital como el artesanal pueden estar fuera de tu alcance. La limitación es que los ordenadores pueden crear y crearán arte y música. Sin embargo, creemos que las personas seguirán construyendo de formas mucho más avanzadas y emocionantes. Algunas son similares a los "privilegios humanos". Muchos preferirán materiales creativos hechos por personas y manos y pagarán más por ellos. Las tareas relacionadas con la construcción y el mantenimiento de relaciones interpersonales complejas, incluidas carreras como la enfermería, el entrenamiento deportivo y la psicoterapia, están razonablemente a salvo de la automatización. Aquí también se requiere inteligencia estética, ya que la competencia en estas áreas aumenta para mantener y mejorar la base de clientes de los servicios.

Y con la mejora de la automatización y el aprendizaje por ordenador, la gente busca formas más creativas y personales de mejorar la calidad de vida. Esto requiere objetos con mejores propiedades físicas que ofrezcan placer sensorial y reduzcan la exposición casi constante a la planitud de una pantalla bidimensional. El deseo de sonidos cada vez más vibrantes ayuda a las empresas tecnológicas a crear experiencias auditivas más realistas. También quieren más experiencias musicales en vivo. Se aprecian aún más los productos digitales que ofrecen una experiencia de aroma/sabor/táctil mejorada y los productos no digitales que proporcionan una rica experiencia sensorial. En el ámbito de la moda y la ropa, las experiencias sensoriales pueden estar integradas en el tejido. Pensemos en las prendas de punto gruesas o de punto junto a texturas muy suaves y blandas y en los tejidos con medios mixtos (por ejemplo, materiales rellenos de plumón y bordados en piel y acolchados).

En la comida, los ingredientes inusuales e inesperados (por ejemplo, helados picantes o salados, sabores aún más intensos, más dulces, más picantes y ácidos) empujan los límites de la innovación culinaria, pero también hay un retorno a la "comida reconfortante". Ofrece una sensación cálida y nostálgica. Algunos eligen alimentos de la era espacial como Soilent, pero la mayoría queremos experimentar una variedad de sensaciones y novedades cuando nos reunimos a comer.

Mientras tanto, la tecnología sigue evolucionando y se convierte en parte de la ropa de fitness de alta tecnología y otros wearables, que registran los pasos, el Índice de Masa Corporal (IMC), las calorías quemadas y la presión arterial, y mucho más. La tecnología también afecta a los alimentos y las bebidas y da lugar a más alimentos funcionales que pueden mejorar la salud y el estado de ánimo. Recess, con sede en el Valle del Hudson, es un precursor de esta tendencia. El agua se infunde con un extracto de cáñamo no tóxico del que se dice que tiene propiedades analgésicas, ansiolíticas y antiinflamatorias. La bebida contiene adaptógenos, que reducen el estrés y se dice que mejoran la memoria, la concentración y la inmunidad.

La atención se centra en el trabajo físico práctico para conseguir una buena forma física, en contraste con el entrenamiento de alta tecnología, como los masajes, las nuevas formas de yoga y otros ejercicios mentales y físicos que mejoran la experiencia deportiva. El Death Metal Yoga es un excelente ejemplo de una clase que incluye golpes, patadas, tocar la guitarra de aire, golpear la cabeza y sudar mucho. Los centros de fitness también se están construyendo más pequeños y más cerca de los clientes en las zonas rurales para ser más personalizados u orientados a un nicho. Es decir, un centro pequeño para grupos de población mayores y jóvenes. transgénero o que atienden a determinados grupos religiosos.

Centrarse en las comunidades pequeñas y en sus necesidades es una forma de que la mayoría de las empresas, no sólo las de fitness, sean más competitivas en zonas saturadas. Cada vez son más frecuentes los nichos de mercado que atienden a diferentes grupos de edad y deseos, y sus decisiones estéticas los distinguen. Para compensar la despersonalización de la sociedad, los consumidores anhelan que se reconozca su personalidad, lo que dará lugar al siguiente cambio.

SECESIÓN TRIBAL

Usar la palabra secesión no significa que el país se divida en naciones más pequeñas. Sin embargo, puede suceder, pero muchos expertos geopolíticos y otros, como el Brexit ilustra, y predicen que será. Sin embargo, hemos visto el rápido crecimiento de las políticas identitarias, el tribalismo, el localismo, el activismo y el desafortunado terrorismo como respuesta a la globalización y como amenaza a la cultura, la lengua y el modo de vida locales. Más que nunca, la gente intenta pertenecer a grupos que representen emociones mutuas, valores y objetivos compartidos y una causa o ideal común que examine los sistemas de creencias. Estas fuerzas son impulsadas por los medios sociales y pueden socavar tanto la democracia como la dictadura.

El crecimiento de las "tribus" fue impulsado por la era del hiperlocalismo (y el rechazo a la armonía global) y el "microdominio". "La elección del estilo de vida que llevará a la creación de la marca. Las marcas que sirven a las microcomunidades (como las personas trans o de género específico, los grupos religiosos, los grupos históricamente ignorados y pasados por alto) no son la autenticidad, la integridad y la transformación que los consumidores quieren, pero no siempre pueden hacerlo. Redefinir el comercio minorista creando y experimentando productos creativos. Encuéntralo ahora. El tribalismo es la fuerza más potente del mundo actual. La comunidad se vuelve tribal. Las marcas forman tribus. Las grandes empresas son tribus.

En el ámbito empresarial, esto significa que los dos deseos del consumidor coinciden. En primer lugar, se muestran productos que se dirigen a identificaciones de grupos más pequeños y específicos. Algunos productos transmiten un sentimiento por el diseño global mezclado que está influenciado por el acceso a diversas influencias culturales. La amalgama y la fusión del patrimonio cultural crean nuevos grupos e identidades híbridas, como las "técnicas tribales" y el "chic industrial". La gente forma grupos o "tribus" de otras maneras en respuesta al miedo a la dura e imprevisible realidad del mundo exterior. Desde las acogedoras mantas hasta los productos y servicios que se acercan a la seguridad y crean confianza y comodidad, el Coco sigue siendo necesario, junto con el soporte, para apoyar esto.

LÍNEAS BORROSAS

Como ya se ha mencionado, la gente formará grupos impulsados por ideologías, intereses y creencias compartidas, pero con frecuencia los grupos y sus miembros se identificarán fuera de las normas convencionales. Ya se están difuminando las líneas entre hombres y mujeres, heterosexuales y homosexuales, blancos y negros, y jóvenes y mayores. Como resultado, más marcas y categorías que antes se dividían convencionalmente por género o edad se convertirán en unisex u ofrecerán artículos unisex y productos y servicios de edad fluida. La marca infantil Primary ofrece artículos básicos como camisetas, leggings, pantalones, faldas y vestidos en colores sólidos y brillantes destinados a ser usados por todos los niños de cero a doce años; los artículos convencionales para niños (pantalones, T) y niñas (vestidos, faldas) se comercializan para todos los niños. El Proyecto Phluid, en el SoHo de Nueva York, puede ser el primer espacio comercial oficialmente sin género del mundo. Esta tienda blanca y luminosa, con grandes ventanales y techos altos, tiene tres mil metros cuadrados y es en parte un espacio comercial y en parte una "plataforma de experiencias", según su directora de contenidos, Jillian Brooks.

La tienda, dirigida a los consumidores de género no conforme y de género fluido, utiliza maniquíes personalizados sin género que muestran básicos unisex de marcas como Levi's y Soul land, junto con opciones más vanguardistas de Gypsy Sport, Skin graft y el látex de inspiración fetichista de Meat. The Phluid Project también ofrece su propia línea de camisetas y sudaderas con capucha, adornadas con lemas como "Stronger together" y "One world". Parte de su misión es la asequibilidad, por lo que los precios suelen ser inferiores a 300 dólares. No Sesso ("sin sexo/género" en italiano) es otra marca que ha llevado la idea de la ropa sin género a ámbitos nuevos y únicos con su uso de combinaciones de colores vibrantes, métodos de atado, cosido y bordado; tejidos irregulares y telas onduladas o muy entalladas. Las prendas se adaptan a diversas formas corporales (hombre/mujer, bajo/alto, grande/pequeño) porque tienen características convertibles o transformables. En otras palabras, los clientes pueden personalizar la ropa de muchas maneras para adaptarla a su forma e identidad.

Forjar conexiones humanas positivas es un esfuerzo combinado y tiene implicaciones de gran alcance. Si se hace bien, puede conducir a experiencias de marca más ricas. Pero la responsabilidad de los creadores es alinear sus ideas con motivos dignos de ser experimentados de forma personal y profunda. El consumidor moderno, que ya no está impulsado a acumular posesiones materiales, busca profundidad, autenticidad y significado. Por lo tanto, las marcas que perduren tendrán un propósito, uno que vaya más allá de los motivos comerciales y que una y potencie a las personas afectadas por sus productos o servicios. Al final, eso es lo que verdadera y eternamente desafía, obliga y deleita a sus consumidores: cualquier oportunidad de cuidar y respetar no por su consumo, sino por su humanidad.

www.ingramcontent.com/pod-product-compliance
Lightning Source LLC
Chambersburg PA
CBHW050239120526
44590CB00016B/2146